BROT

RECLAMS KULINARISCHE REIHE

BROT

EINE
KLEINE
KULINARISCHE
ANTHOLOGIE

Herausgegeben von
Evelyne Polt-Heinzl
und Christine Schmidjell

PHILIPP RECLAM JUN. STUTTGART

Mit 17 Abbildungen

Universal-Bibliothek Nr. 18203
Alle Rechte vorbehalten
© 1998 Philipp Reclam jun. GmbH & Co., Stuttgart
Copyrightvermerke für die Texte siehe Seite 149
Umschlaggestaltung: Günter Jacki, Stuttgart
Satz: Lihs, Satz und Repro, Ludwigsburg
Druck und Bindung: Franz Spiegel Buch GmbH, Ulm
Printed in Germany 1998
RECLAM und UNIVERSAL-BIBLIOTHEK sind eingetragene Marken
der Philipp Reclam jun. GmbH & Co., Stuttgart
ISBN 3-15-018203-4

BROT

I N H A L T

IV. BROTGENUSS

V. DER HUNGER NACH BROT

brød **BRÖD** хляб chlieb كسۇڧ

パン chléb לֶחֶם *pain*

bread 麵包 ܗܢܝܐܤ Χˡᵇᵈⁱ

BEKOб **pan** रोटी bukëa

빵 mkate **chlěb** ዳቦ

леб እንጀራ *bánh mi* brauð

chleb བག་ལེབ་ EKMEK ᴨᵘᵞᴺᵇ

»Brot« in 65 Sprachen. Z.1: Dänisch/Norwegisch – Schwedisch –
Bulgarisch (*chljab*) – Slowakisch – Syrisch (*lahmo*). Z.2: Japa-
nisch (*pan*) – Tschechisch – Hebräisch (*lechem*) – Französisch.
Z.3: Englisch – Chinesisch (*mian bao*) – Gotisch (*hlaifs*) – Kir-
chenslawisch (*chleb*). Z.4: Phrygisch (*bekos*) – Spanisch – Hindi
(*roti*) – Albanisch. Z.5: Koreanisch (*ppang*) – Suaheli – Obersor-
bisch – Amharisch (*dabbo*). Z.6: Makedonisch (*leb*) – Tigre (*inge-
ra*) – Vietnamesisch – Isländisch. Z.7: Polnisch – Tibetisch
(*bag-leb*) – Türkisch – Rumänisch (*pujne*)

pão   პური   хлеб   **LEIPÄ**

እንጀራ   pîine   **brood**   нан

ברויט   **maize**   *روٹی*   duona

ψωμὶ   PANIS   leib

pano   ኅብስት፡   kenyér

хліб   **pane**   خُبْز   ὁ ἄρτος

BROT   **aran**   kruh   نان

Z. 1: Portugiesisch – Georgisch (*puri*) – Russisch/Weißrussisch/
Serbisch (*chleb*) – Finnisch. Z. 2: Amharisch (*injera*) – Rumänisch – Niederländisch/Afrikaans/Niederdeutsch – Kasachisch
(*nan*). Z. 3: Jiddisch (*braut*) – Lettisch – Belutschi (*doda*) –
Litauisch. Z. 4: Neugriechisch (*psomi*) – Lateinisch – Estnisch.
Z. 5: Esperanto – Geez (*hebest*) – Ungarisch – Mongolisch (*tal-
chan*). Z. 6: Ukrainisch (*chlib*) – Italienisch – Arabisch (*chubs*) –
Altgriechisch (*artos*). Z. 7: Deutsch – Gälisch – Kroatisch/Slowe-
nisch – Persisch/Kurdisch/Sindhi/Uighurisch (*nan*)

DER GLANZ DES BROTES

Der Duft von frisch gebackenem Brot, der dem Genuß flüchtig vorauseilt und ihn begleitet, ist unverzichtbarer Bestandteil des vollen Geschmackserlebnisses. Nicht nur wegen dieser sinnlichen Elemente ist Brot überall dort, wo es die Basis der Volksernährung darstellt, viel mehr als ein bloßes Nahrungsmittel. Das tägliche Brot wird zu einer Metapher für das Leben schlechthin: es bildet die Voraussetzung für die Aufrechterhaltung der körperlichen Existenz und ist damit zugleich Symbol für alles, was das Leben der Menschen ausmacht. »Sein Brot verdienen«, ist der griffige Ausdruck, den der Volksmund dafür gefunden hat. Auch in der vierten Bitte des Vaterunser, der Brotbitte (»Unser täglich Brot gib uns heute«, Matthäus 6,11), ist dieser doppelte Aspekt mitenthalten. »Breadwinner« ist die englische Bezeichnung für das Familienoberhaupt als Ernährer und Geldverdiener, und mit seinem Los unzufrieden sein heißt hier: »to quarrel with one's bread and butter«. In vielen Kulturkreisen finden sich Sprichwörter und Redewendungen, die auf die zentrale Bedeutung des Brotes anspielen. »Mit Wasser und Brot kommt man durch alle Not.« Oder mit einem russischen Sprichwort: »Ohne Brot ist der Tisch nur ein Brett«, bzw. aus dem arabischen Raum: »Brot ist das Hauptstück unter allen Dingen.« Häufig enthalten diese Volksweisheiten einen moralischen Appell, Brot als einfaches Nahrungsmittel nicht gering zu achten, sich vor Neid auf die kulinarischen Schlemmereien der Reichen zu hüten und sich mit einem Leben in ehrlicher Armut

BROT

zu bescheiden: »Besser ist Brot, wenn das Herz vergnügt ist, als Reichtum mit Kummer.«

Die herausragende Bedeutung des Brotes hat von altersher zu einer engen Verflechtung von Brotkultur, religiösen Mythen und kultischen Bräuchen geführt. Besonders lebendig ist diese Verbindung in der jüdischen und christlichen Tradition. Hält im jüdischen Glauben das Bereiten ungesäuerten Brotes die Erinnerung an die Befreiung aus der ägyptischen Gefangenschaft aufrecht, bildet in der christlichen Tradition die Verwandlung von Brot und Wein in den Leib und das Blut Jesu Christi das rituelle Kernstück jeder Meßfeier. Nicht zufällig ist es die Geste des Brotbrechens, an der die Jünger von Emmaus den auferstandenen Herrn erkannten (Lukas 24,30). In der Bibel wie in den christlichen Heiligenlegenden kommt das »Brot des ewigen Lebens« aber auch im wörtlichen Verständnis einer nie versiegenden Nahrungsquelle vor, in der wunderbaren Brotvermehrung des Neuen Testaments (Speisung der Fünftausend, Matthäus 14,13–21) ebenso wie in den nie abnehmenden Broten, die der Heilige Jakob einem Pilger oder die Heilige Anna drei armen Waisenkindern schenken. Die jahrhundertelange Beliebtheit all dieser Szenen bewirkte nicht zuletzt die starke bildliche Präsenz des Brotes in der abendländischen Kunst.

Variantenreich sind auch die volkstümlichen Bräuche rund um das Brot. Vielfach sehr alten Ursprungs, aus heidnischen Fruchtbarkeitsritualen entstanden, sind diese Bräuche in unserem Kulturkreis häufig mit christlichen Elementen angereichert bzw. umgedeutet worden. Vereinzelt haben sich auch noch rein heidnische Bräuche erhalten, wie der aus Brotteig gebackene Julbock zum altgermanischen Julfest in Schweden. Mit regional unterschiedlicher Ausformung und Verbreitung existiert eine Fülle von Brotbräuchen, die zumindest in ländlichen Gebieten zum Teil heute noch gepflegt werden. Brot und Salz überreicht man dem Brautpaar mit dem Segenswunsch, an beidem möge es in ihrem Haus nie fehlen, und beim Anschneiden eines neuen Brotes werden drei Kreuze darauf gezeichnet, um den Dank für die Gottesgabe Brot auszudrücken. Nicht nur Hostienschändung, also Vergehen gegen geweihtes Brot, zieht in der christlichen Tradition schwere Strafen oder gar ewige Verdammnis nach sich, zahlreiche Sagen berichten auch von nicht weniger schrecklichen Bestrafungen für gedankenlosen oder frevelhaften Mißbrauch am »Brot der Armen«. Im Jahresablauf des christlichen Festkalenders wurde eine Reihe besonderer Festtagsbrote mit kunstvollen Formen gebacken – Allerseelen- und Osterbrote, Nikolaus- und Fastengebäcke –, die symbolisch geweiht, geopfert oder großzügig an Fremde verschenkt wurden, um Segen und Wohlergehen für das kommende Jahr zu erbitten und für die Gaben des vergangenen Jahres zu danken.

Bitte und Dank stehen auch im Zentrum der Erntedankfeiern, die in ländlichen Gebieten immer noch festlich begangen werden. Saat und Ernte, die bäuerliche Arbeit im Kreislauf der Natur, ist trotz des radikalen Wandels in der landwirtschaftlichen Produktion nach wie vor Symbol für besonders schwere, mühevolle Arbeit, deren Ergebnis von unbeeinflußbaren Faktoren wie den Witterungs- und Bodenverhältnissen abhängt. »Im Schweiße deines Angesichts sollst du dein Brot essen« (1. Mose 3,19), heißt es in der Vertreibungsszene aus dem Paradies, und der in flirrender Sommerhitze arbeitende Schnitter oder Drescher fungiert seit altersher als Illustration dieses Fluches.

Bei der Broterzeugung stellten die technologische Errungenschaft des Mühlrades und die Herausbildung der spezialisierten Berufszweige der Müller und Bäcker entscheidende Produktivitätssprünge dar. Die Idyllik einer am rauschenden Bach lustig klappernden Mühle wurde allerdings von den Zeitgenossen durchaus anders wahrgenommen. Lange Jahrhunderte haftete der lärmenden Mechanik der Mühle als Fanal des technischen Fortschritts etwas Bedrohliches und – verstärkt durch ihren exponiert einsamen Standort – Unheimliches an. Auch Bäckern begegnete man zuweilen mit einem gewissen Argwohn. Wird das Brot nicht mehr im eigenen Backofen hergestellt, gibt es keine Garantie für die verwendeten Inhaltsstoffe. Der Ehrenkodex der im Mittelalter entstehenden Bäckerzünfte legte daher zur Imagesteigerung des Berufsstandes größten Wert auf untadeliges Verhalten aller Mitglieder. Für betrügerische Bäckermeister kannte das mittelalterliche Recht besonders drakonische Strafen wie das bekannte Bäckerschupfen für zu leicht gewogene Brote. Heute, da die vollautomatisierte Massenproduktion von Brot mit den Praktiken der alten Bäckermeister nur mehr wenig gemein hat, übernehmen diese Aufgaben Verbraucherschutzvereine und Lebensmittelüberwachung. Dennoch hat die kleine Bäckerei an der Ecke, der verführerische Düfte entströmen, nichts an Ausstrahlung verloren.

Brot ist nicht gleich Brot – das bezieht sich nicht nur auf Unregelmäßigkeit in der Herstellung, sondern auch auf die Vielfalt der verwendeten Basisstoffe, Zutaten,

Herstellungstechniken und Formen. Generell könnte eine volkskundliche Landkarte alle Brotkulturen in zwei große Regionen teilen, entsprechend der Verbreitung von Fladen- und Sauerteigbroten. Innerhalb dieser zweiten Zone wiederum existiert eine Demarkationslinie zwischen Ländern mit überwiegend hellen Brotsorten und jenen mit Vorliebe für dunkles Brot, die sich zum Teil auch mit einem unterschiedlichen Umgang mit Brot deckt. »Im Normalfall als Unterlagsscheibe verwertet«, eine Rätselfrage aus der Beilage der deutschen Wochenzeitschrift »Die Zeit«, würde in den (südlichen) Weißbrotkulturen kaum verstanden.

»Wie das Brot auch immer sei, den Hunger stillt's«, heißt ein französisches Sprichwort. Brot und Not – auch das ein Aspekt der Brotkultur, der aufgrund seiner existentiellen Bedeutung in der literarischen Tradition vielleicht am häufigsten anzutreffen ist. Brot als *das* Grundnahrungsmittel steht im Mittelpunkt des Kampfes gegen Hunger und Not und wurde in dieser Rolle auch vom Siegeszug der Kartoffel nicht endgültig abgelöst. »Brotkrawall« ist nach wie vor ein Synonym für »Hungerkrawall«, für den Aufstand breiter verarmter Schichten, die das Existenzminimum für sich und ihre Familien – das tägliche Brot – nicht mehr erwirtschaften können. Eine hartnäckig sich haltende, wenngleich unbewiesene Anekdote schreibt der jungen Marie-Antoinette, der Habsburgertochter auf dem französischen Thron, bei Ausbruch der Hungerrevolte zu Beginn der Französischen Revolution den Ausspruch zu: »Wenn sie kein Brot haben, weshalb essen sie nicht Kuchen?« Se non è vero, è ben trovato, denn: Wer satt ist, wird nie einen Hungrigen verstehen.

Trotzdem: »Wer Hunger hat, fragt zuerst nach dem Brot und dann nach der Butter«, heißt anders herum gelesen auch, daß Brot allein, die Sicherung des bloßen Überlebens dem Menschen nicht genügt. Selbst angesichts eigenen Hungers, selbst inmitten von Not und Elend, wird der Mensch letztlich nie aufhören, auch noch etwas anderes zu suchen, etwas, das zum menschenwürdigen Leben ebenso notwendig ist wie dem Hungrigen ein Stück Brot. Und wer einmal den berühmten Brötchentanz aus Charly Chaplins 1925 uraufgeführten Film »Goldrausch« (»The Gold Rush«) gesehen hat, weiß, daß ein spielerischer Umgang mit Brot nichts Frevelhaftes an sich haben muß.

Evelyne Polt-Heinzl & Christine Schmidjell

I. UNSER TÄGLICHES BROT

EIN DUFT NACH GEBORGENHEIT

Nun war ich bereits so nah, daß mir der Duft von gebratenem Speck und geröstetem Brot in die Nase stieg. Das sind für mich die angenehmsten Gerüche. Ich trat an den Herd und hielt meine Hände darüber; als mich die Wärme traf, ging es mir durch und durch.

John Steinbeck

Matalena stellte die bauchige Strohflasche auf den Tisch.

»Zur Gesundheit«, sagte der Mönch und hob das Glas. »Frau Wirtin, könnte ich ein Stück Brot bekommen? Dann trinkt es sich besser«, erklärte er dem Priester.

Er brach das Brot und reichte Don Paolo ein Stück.

»Weizenbrot mit Rotwein, etwas Besseres gibt es nicht«, sagte er. »Aber man muß ruhigen Herzens sein«, fügte er lächelnd hinzu.

Ignazio Silone

Er liebte es, seiner Mutter zuzusehen, wie sie über den großen Küchentisch gebeugt stand, die Hände bis zu den Ellbogen in den Teig grub und die Masse im Takt knetete und walkte. Dann formte sie lange Rollen, schnitt sie durch, und aus jedem Stück wurde ein rundes Brot. Früher, in den Zeiten des Überflusses, hatte sie ein wenig Teig abgetrennt, hatte Milch, Eier und Zimt hinzugefügt und Plätzchen davon gebacken, die sie in einer Dose aufbewahrte, eines für jedes Kind an jedem Tag der Woche. Jetzt mischte sie das Mehl mit Kleie, und das Ergebnis war dunkel und bitter, wie Brot aus Sägemehl.

Isabel Allende

BROT IM GRIMMSCHEN WÖRTERBUCH

BROT, *n. panis, abd.* prôt, *mbd.* brôt, *alts.* brôd, *nnl.* brood, *ags.* breád, *engl.* bread, *fries.* brâd, *altn.* braud, *schw. dän.* bröd, *durch alle unsere sprachen gehend, nur mangelt ein goth.* braud *und* ULFILAS *verdeutscht* ἄϱτος *durch* hlaifs hlaibis, *welches unserm* laib, leib, leib brotes, *abd.* hleib, *ags.* hlâf, *engl.* loaf, *altn.* hleifr *und zugleich dem sl.* chljeb", *poln.* böhm. chléb, *finn.* leipä, *lapp.* laipe *entspricht. bei einem so alten und nothwendigen wort werden alle verwandtschaften und hinneigungen der sprachen für die geschichte der völker bedeutsam. wir haben es hier blosz mit der erklärung von* brot *zu thun.*

Gedacht worden ist an brauen *und* braten, *wie sich auch die begriffe des* brauens *und* backens *anrühren und* braten, *rösten dem* backen *gliche (auch lat.* panis *für* pacnis *steht). allein die lautverhältnisse widerstreben und die wesentliche vorstellung bei* brot *scheint das* brechen, *es wird bei der austheilung und beim essen, mit hand und zähnen gebrochen, gekaut.* [...] *wie aber nun das wort* brot *selbst? ich denke, es stammt von dem oft besprochnen* ags. breotan, *altn.* briota, *abd.* prioჳan *frangere, doch noch aus einer zeit ab, wo die lautverschiebung uneingetreten war, es also goth. etwa* briudan braud, *ags.* breodan breád, *abd.* priotan prôt *gelautet haben würde. im nomen behielt man nachher, als das verbum verschoben wurde, die alte consonanzstufe, so wie im altn. ausnahmsweise neben* briota *frangere ein* brydja *(falsch geschr.* bryðja) *mandere, dentibus perfringere fortdauert; die vorstellungen des brechens und kau-ens einigen sich. diese etymologie von* brot *müste zumal den Dänen gefallen, welche* bröd *panis und* bryde *frangere gleich-artig schreiben; doch ihr* bryde *entspringt aus* bryte, schw. bryta. gewinnt die ableitung von* brot *aus* briutan, breotan *halt, so liesze das bekannte phrygische* βεϰός *(vgl. alban.* baukea) *sich durch ausfall des* R *in* βϱεϰός *vervollständigen und unmittelbar auf goth.* brikan *frangere zurückführen.* [...]

Bedeutungen.

1) *die aus mehl im ofen gebackne speise:* weiszes, schwarzes, gemischtes, gesäuertes, ungesäuertes, gesalznes, geöltes, fri-sches, trocknes, grobes, schimmliches, hartes, erweichtes, be-gossenes brot; neubacken, altbacken, hausbacken brot. [...]

2) *weil nun das* brot *wesentlicher bestandtheil der nahrung ist, so bedeutet es überhaupt speise, kost und die stelle, welche kost und unterhalt darreicht; wir sagen das* morgenbrot, abendbrot essen *für* frühstücken, zu abend essen; *einen zum abendbrot einladen,* zum abendessen, so schon mhd. [...]

3) *dem eintretenden fremden legt der östreichische landmann* brot *und messer auf den tisch mit den worten* 'geh, schneid ab!' *unterbleibt es, so gilt das für ein zeichen der misgunst:* 'er hat mich nicht einmal abschneiden lassen!'

4) *das tägliche* brot *drückt auch die täglich vorgenommne ar-beit und beschäftigung, den unterhalt aus, und selbst den zu-stand, in welchem man sich anhaltend befindet:*

> berauben, brennen, stelen
> das ist ir teglich brot.   UHLAND

> ich weine durch die ganze nacht,
> und wann der tag sich zu uns macht,
> so sind mein morgenbrot die threnen.
>   OPITZ

dann weh ist täglich brot auch bei der besten eh.

LOGAU 1, 6, 7;

thränen waren sein tägliches brot. *ebenso kann ein andrer genusz* das tägliche brot *heiszen:* andere leute, bei welchen der toback gleichsam als das tägliche brot im hause (*für eben so nöthig*) gehalten würde.   WEISE

5) gestolen brot schmeckt süsze; aus dem korn, das nächstes jahr wächst, kann man heuer kein brot backen; fremder leute brot ist den kindern kuchen; freundliche gesichter sind uns so nöthig als das liebe brot.

6) *figürlich,* ich bin das brot des lebens.   *Joh.* 6, 35;

ir herzeliep, ir herzeleit
deist aller edelen herzen brôt.   *Trist.* 7, 33;

ir leben, ir tôt sint unser brôt.   7, 37;

daȝ lebende brôt gebære du.   GOTFR. *lieder* 2, 2;

gib gott, dasz korn im feld, in uns dein wort bekleibe,
dasz wir theils haben brot der seele, theils dem leibe.

LOGAU 1, 9, 19.

7) *wie* brot *den* laib brotes *bezeichnet, sagt man auch* ein brot zucker *für einen hut zucker. schön ist* ags. beobreád, *favus.*

8) *s.* abendbrot, bauerbrot, beckerbrot, bettelbrot, bienenbrot, botenbrot, butterbrot, eierbrot, gauchbrot, haberbrot, halbbrot, hausbrot, himmelbrot, hundebrot, kümmelbrot, lustbrot, milch-brot, morgenbrot, raspelbrot, saubrot, schifbrot, schüsselbrot, schwarzbrot, semmelbrot, tellerbrot, tischbrot, vesperbrot, wai-zenbrot, weiszbrot, zuckerbrot.

Brot, die Speise der Speisen, derer man niemals überdrüssig wird, ist ein Backwerk aus mit Salz gewürztem, ausgegorenem Mehlteig, der in den verschiedenen Ländern und Landesteilen aus ziemlich verschiedenen Grundstoffen bereitet wird. Man unterscheidet danach im allgemeinen:

Weizen- oder *Weißbrot* aus reinem Weizenmehl, (franz. *Pain,* engl. *Bread*), ausgezeichnet durch weiße Farbe, reinen und milden Geschmack, leichte Verdaulichkeit und größte Nahrhaftigkeit, da 94,5% der Trockensubstanz in den Stoffwechsel eintreten. Das Weißbrot hat seit Anfang des 18. Jahrhunderts das Hausbrot in Frankreich gänzlich, in England, Süddeutschland und Österreich gut zur Hälfte verdrängt. Es erscheint vorzugsweise in Gestalt eines langgestreckten Wulstes, nie in großen, runden Laiben wie das Hausbrot, und führt nach Gestalt und Örtlichkeit sehr verschiedene Namen (Semmel, Stuten, Stolle, Schripfe, Wecken, Kipfel usw.). Das Wiener Weißbrot gilt mit Recht für ausgezeichnet.

Bäcker- oder *Hausbrot* (franz. *Pain bis-blanc*) wird aus einer Mischung von Roggen- und Weizenmehl (bisweilen auch Gerstenmehl) bereitet, hat eine gelbgraue Färbung, schmeckt mehr oder weniger säuerlich und steht an Nahrhaftigkeit dem Weizenbrot am nächsten, da rund 90% der Trockensubstanz verdaut werden. Es erscheint in gestreckter oder runder Gestalt (Stollen und Laiben) und beherrscht Deutschland, Dänemark, Schweden und Rußland.

Schrot- oder *Grahambrot,* ein sehr schmackhaftes,

dichtes Kleienbrot aus geschrotetem Mais oder Weizen, kam im siebenten Jahrzehnt des 19. Jahrhunderts in Europa in Aufnahme und wird als äußerst nahrhaft gerühmt – namentlich die Vegetarianer sind es, die ihm zu großer Popularität verhalfen. Es gibt nur 88,5 % seiner Trockensubstanz bei der Verdauung ab.

Roggen- oder *Landbrot* (franz. *Pain bis*) aus reinem Roggenmehl, schmeckt in der Regel etwas säuerlicher als das Bäckerbrot, steht aber im übrigen diesem gleich. Da nur noch wenige Landwirte ihr Korn in die Mühle schicken, sondern fertiges »Brotmehl« kaufen, ist das Landbrot seit etwa 30 Jahren auf den Aussterbe-Etat gesetzt und selbst in Norddeutschland bereits selten.

Schwarz- oder *Commißbrot* (franz. *Pain noir*), eine Art davon ist in Westfalen der *Pumpernickel,* ein dunkelbraunes, fast schwarzes Kleienbrot aus geschrotetem Roggen, hat einen eigentümlich kräftigen Geschmack, ist aber wenig nährend, da nur 80,7% der Trockensubstanz verdaut werden. Der Rheinländer und Westfale sucht daher das Starke mit dem Zarten unter einen Hut zu bringen und verspeist nicht reinen Pumpernickel, sondern »Mönch mit Nonne«, d.h. er paart die Schwarzbrotschnitte mit einer Schnitte Weißbrot und schiebt zur Vermeidung übler Nachrede eine Lage Butter und eine Scheibe saftigen Schinkens zwischen beide ein. In dieser Gestalt sollen Mönch und Nonne sogar von verbissenen Freigeistern hochverehrt werden. Ein echter westfälischer Pumpernickel wiegt 25 bis 30 kg, erscheint (wie fast alles Schwarzbrot) in Gestalt eines länglichen Rechtecks und darf unter allen Umständen nur in Schnitten auf den Tisch gebracht werden. Dies gilt auch von den weit kleinern Zwerg-Pumpernickeln, wie sie im Handel gewöhnlich sind. Die Franzosen lernten den Pumpernickel während des Siebenjährigen Krieges kennen und machten sich sogar eine eigene Etymologie für den auffälligen Namen zurecht, wonach einer ihrer Dragoner, dessen Pferd Nickel hieß, das ihm im westfälischen Bauernhause angebotene landesübliche Brot mit den Worten zurückgewiesen hätte: »C'est bon pour Nicol« (das mag für meinen Nickel gut sein). Der gemeine Soldat wird allerdings so oder ähnlich gedacht haben, die Offiziere aber fanden den Pumpernickel im Verein mit westfälischem Schinken vortrefflich – und so wurde die feine Tafel um eine Delikatesse, der Handel um einen Artikel reicher. [...] Der Name ist natürlich echt niederdeutsch und eine ähnliche Scherzbezeichnung, wie »sanfter Heinrich« für den Gilkaschnaps, »Brotwasser« für den Remstaler Neckarwein usw.

Gerstenbrot und *Haferbrot*, aus reinem Gersten- respektive Hafermehl oder aus einem Gemenge beider, kommen in Österreich gar nicht, in Deutschland nur im armseligen Spessart, häufiger dagegen in der Schweiz, in Griechenland, in Schottland und Skandinavien vor. Diese beiden Brotarten sind unschmackhaft, trocken, von geringem Nährwert und gehören bereits zur Klasse der sogenannten *Hungerbrote,* die in Notzeiten aus allen denkbaren und undenkbaren Rohstoffen (Kartoffeln, Kohlrüben, Roßkastanien, Baumrinde, Moos, Stroh, Laub, Leder usw.) mit einem geringen Zusatz von Getreidemehl hergestellt zu werden pflegen.

Maisbrot, aus reinem Maismehl, ist von blendender Weiße und äußerst nahrhaft – aber widerlich süß und dürr wie Sand. Man stellt daher in Spanien, Italien, Ungarn und Wien Maisbrot aus einem Gemenge von

Mais- und Weizen-, respektive Roggenmehl her, das vortrefflich mundet und vorzüglich nährt.

Kastanienbrot, aus zerriebenen Kastanien und mit Sesamsamen bestreut, ist ausschließlich auf Kreta im Gebrauch.

Kleberbrot, ein kleberreiches und stärkearmes Krankenbrot, wird fabrikmäßig in Paris (P. Possian-Henry) und Mannheim (Bassermann) aus Kleber, etwas Weizenmehl, Weizenkleie und entzuckerten Mandeln hergestellt und schmeckt etwas fade, leistet aber Zuckerkranken wesentliche Dienste.

Kraftbrot, aus Getreide- und Bohnenmehl unter Zusatz von Bierwürze bereitet, liefert die Firma Degener & Mirow in Braunschweig. Der Nährwert dieses Brotes ist allerdings bedeutend – aber der Geschmack!! …

Brot ist im allgemeinen schwer verdaulich, und zwar *frisches Brot* mehr als altes, nicht weil beim Altwerden eine chemische Veränderung eintritt, sondern weil frisches Brot sich im Munde leichter zusammenballt, also beim Kauen weniger mit Speichel durchfeuchtet wird und deshalb dem Angriffe der Magensäfte einen stärkern Widerstand entgegensetzt. Gut gekaut ist halb verdaut! Im übrigen gilt als Regel:

Panis non calidus nec sit nimis inveteratus,
Sed fermentatus, oculatus sit, bene coctus,
Modice salitus, frugibus validis sit electus.

Weder zu alt noch zu frisch, doch locker und
                                    tüchtig gebacken,
Schwach nur gesalzen und dazu aus bestem Korn
                                    soll das Brot sein.

Die Brotbereitung ist zweifelsohne eine Erfindung der Ägypter. Von diesen lernten die Hebräer (zu Abrahams Zeit war Brot in Syrien und Phönizien noch ein frommer Wunsch) und die Griechen, unter denen die Athener, die Pariser des Altertums, bereits auf allerlei Phantasie- und Luxusgebäcke (»Alexandrinisches Brot«, eine Art Brotkuchen aus Mehl, Öl, Wein, Milch und Pfeffer) verfielen. Die Griechen verpflanzten die Brotbäckerei nach Italien, wo in der Folge die Römer dem Backofen zum entscheidenden Siege über den Backtiegel und die heiße Asche der Urzeit verhalfen und die Kunst an die Gallier weitergaben, die mit angeborener Findigkeit in Geschmackssachen mit dem alten Sauerteige aufräumten und die Bierhefe als Gärungserzeuger an seine Stelle setzten. Das gallische Weizenbrot stand schon im 4. Jahrhundert n. Chr. im vorzüglichsten Rufe. Nachdem die Gallier Franzosen geworden, brachen sie auch mit der hergebrachten halbgewölbten Form des Brotes. Sie formten ihren Teig zu völligen Kugeln (*boules*), und noch heute heißen die Bäcker danach in Frankreich *boulangers,* Kugeldreher. Offenbar bevorzugte man also im Mittelalter die Krume vor der Kruste, während heutzutage das Umgekehrte der Fall ist. Von den Franzosen nahmen seit dem 9. Jahrhundert die Deutschen das Brotbacken an, und von Deutschland wurde die Kunst nach dem Norden, nach Osten und Südosten verbreitet, freilich nur sehr langsam, denn Schweden lernte die Brotbäckerei erst im 16. Jahrhundert üben, die Bewohner der Hebriden bequemten sich ihr erst im 19. Jahrhundert an, und Walachen und Rumänen verharren größtenteils noch heute beim angestammten Brei. Für die brotbackenden Völker aber begann mit der zweiten Hälfte des 17. Jahrhunderts eine neue Epoche. Auf der Tafel Ludwigs XIV. erlangte das Weißbrot das Übergewicht, das Brot wurde lockerer, man begann daher die Kruste als Leckerei zu schätzen, und so mußte die Vollkugel zunächst der Halbkugel (Franzbrötchen), dann dem Wulste oder Wecken weichen, der das möglichst größte Quantum Kruste bietet. Seitdem haben, namentlich im 19. Jahrhundert, die Einführung besserer Getreidesorten, sowie die Mahl- und Backtechnik unausgesetzt neue Fortschritte gemacht, und damit ist auch die Qualität des Brotes Schritt für Schritt eine bessere geworden. Das Brot verbessern heißt aber das Volk veredlen, denn der Brotbedarf und der Brotverbrauch ist ein ungeheurer, und der Mensch ist, was er ißt. [...]

Das Brot ist dem Reichen wie dem Armen unentbehrlich. In der Küche des Armen oft das einzige Gericht, ist es auf der Tafel des Reichen der schlichte, aber unerläßliche Grundton für die ganze Polyphonie des Mahles, der kleine, aber kaum zu missende Bindestrich zwischen den Einzelschönheiten des Banquets und daher immer unersetzlich wie die Sonne trotz elektrischer Lampe und Auer-Licht. Aeternum, quaeso, deorum sit munus istud!

Appetit-Lexikon

CHARLES BAUDELAIRE

DER KUCHEN

Es war auf einer Wanderung. Die Landschaft, in der ich
mich befand, war von unwiderstehlicher Großartigkeit
und Hoheit. Und etwas davon teilte unverkennbar in
diesem Augenblick sich meiner Seele mit. Leicht wie die
Luft schwangen meine Gedanken sich empor; die nie-
deren Leidenschaften, Haß oder Sinnenlust, schienen
mir ebenso fern wie die Gewölke, die in den Tiefen unter mir dahinzogen; meine Seele schien mir so weit und
rein wie das Himmelsgewölbe, das mich umfing; die Erinnerung an das Irdische drang nur schwach und ge-
dämpft zu meinem Herzen, wie aus weiter, weiter Ferne
der Glockenton der Rinder, die kaum wahrnehmbar auf
dem Abhang eines anderen Berges weideten. Über den
reglosen kleinen See, dessen Schwärze von seiner uner-
meßlichen Tiefe zeugte, glitt manchmal der Schatten einer Wolke, als spiegelte sich dort der Mantel eines lufti-
gen Riesen, der hoch im Himmel flog. Und ich erinnere
mich, daß dieses seltene Gefühl der Feierlichkeit, welches eine mächtige, vollkommen lautlose Bewegung in
mir auslöste, mich mit einer Freude erfüllte, in die sich
ein leiser Schauer mischte. Kurzum, dank der erheben-
den Schönheit ringsum fühlte ich mich in vollkomme-
nem Frieden mit mir selbst und der ganzen Schöpfung;
ich glaube sogar, in meiner schrankenlosen Glückselig-
keit und in dem gänzlichen Vergessen alles irdischen
Übels war ich dahin gelangt, die Zeitungen nicht mehr
so lächerlich zu finden, die da behaupteten, der Mensch
sei von Natur gut; – als die unheilbare Materie ihre For-
derungen geltend machte, so daß ich beschloß, der Mü-

27

digkeit stattzugeben und den Hunger zu stillen, welche ein so langwieriger Anstieg verursacht hatte. Ich zog aus meiner Tasche ein großes Stück Brot, einen Lederbecher und eine Flasche mit einem gewissen Elixier, das die Apotheker damals den Bergsteigern verkauften, um es im Bedarfsfall mit etwas Schneewasser zu mischen.

Ich schnitt gerade in aller Ruhe mein Brot, als ein Geräusch mich aufblicken ließ. Vor mir stand ein kleiner Kerl, zerlumpt, schwarz, struppig, dessen hohle, scheue und gleichsam flehende Blicke das Stück Brot gierig verschlangen. Und mit rauher Stimme hörte ich ihn leise das Wort: *Kuchen!* seufzen. Ich konnte mich des Lachens nicht enthalten, als ich die Bezeichnung vernahm, deren er sich meinem fast weißen Brot zu Ehren bediente; ich schnitt ihm eine gehörige Scheibe herunter und bot sie ihm an. Zögernd kam er näher, wobei er den Gegenstand seiner Begehrlichkeit nicht aus den Augen ließ; dann schnappte die Hand danach, und hastig wich er zurück, als fürchtete er, mein Angebot wäre nicht aufrichtig gemeint und es reute mich schon.

In dem nämlichen Augenblick jedoch wurde er von einem anderen kleinen Wilden über den Haufen gerannt, der ich weiß nicht woher aufgetaucht war und der dem ersten so völlig glich, daß man sie für Zwillingsbrüder hätte halten sollen. Sie wälzten sich zusammen auf dem Boden, bestritten einander die kostbare Beute, von der offensichtlich keiner seinem Bruder die Hälfte überlassen wollte. Wütend packte der erste den anderen bei den Haaren; dieser verbiß sich in dessen Ohr, und spuckte ein kleines blutiges Stück, das er herausgebissen hatte, mit einem prächtigen Fluch in seiner Mundart von sich. Der rechtmäßige Besitzer des Kuchens versuchte dem Räuber seine kleinen Klauen in die Augen zu schlagen; dieser seinerseits bot alle Kräfte auf, seinen Gegner mit der einen Hand zu erwürgen, während die andre bemüht war, den Kampfpreis in seine Tasche zu praktizieren. Doch die Verzweiflung verlieh dem Besiegten neuen Mut, er raffte sich wieder auf und versetzte dem Sieger mit dem Kopf einen Stoß in den Magen, daß er hintüber fiel. Wozu einen so abscheulichen Kampf beschreiben, der weitaus länger dauerte, als ihre kindlichen Kräfte erwarten ließen? Der Kuchen wanderte von Hand zu Hand und war alle Augenblicke in einer anderen Tasche; aber ach! er verlor dabei auch an Umfang, und als sie endlich, erschöpft, keuchend, blutend, abließen voneinander, weil die Fortsetzung des Kampfes unmöglich geworden war, da hatte sich, die Wahrheit zu sagen, der Gegenstand des Kampfes in nichts aufgelöst: das Stück Brot war verschwunden, es war zu Krümeln zerfallen, die von den Sandkörnern, mit denen sie sich vermischt hatten, nicht mehr zu unterscheiden waren.

Dieses Schauspiel hatte mir die Landschaft wie mit einem Nebel überzogen, und die stille Freudigkeit, an der meine Seele sich erlabte, ehe diese beiden Menschlein erschienen, war verflogen: lange noch saß ich in traurigen Gedanken und wiederholte mir immerfort: »Es gibt also ein herrliches Land, wo das Brot *Kuchen* heißt und ein so seltener Leckerbissen ist, daß er genügt, einen mörderischen Bruderkrieg zu entfachen!«

FRIEDRICH HÖLDERLIN

BROT UND WEIN

[...]
Nämlich, als vor einiger Zeit, uns dünket sie lange,
   Aufwärts stiegen sie all, welche das Leben beglückt,
Als der Vater gewandt sein Angesicht von den
                   Menschen,
   Und das Trauern mit Recht über der Erde begann,
Als erschienen zuletzt ein stiller Genius, himmlisch
   Tröstend, welcher des Tags Ende verkündet' und
                   schwand,
Ließ zum Zeichen, daß einst er da gewesen und wieder
   Käme, der himmlische Chor einige Gaben zurück,
Derer menschlich, wie sonst, wir uns zu freuen
                 vermöchten,
   Denn zur Freude, mit Geist, wurde das Größre
              zu groß
Unter den Menschen und noch, noch fehlen die
                Starken zu höchsten
   Freuden, aber es lebt stille noch einiger Dank.
Brot ist der Erde Frucht, doch ists vom Lichte gesegnet,
   Und vom donnernden Gott kommet die Freude
             des Weins.
Darum denken wir auch dabei der Himmlischen,
            die sonst
   Da gewesen und die kehren in richtiger Zeit,
Darum singen sie auch mit Ernst, die Sänger, den
              Weingott
   Und nicht eitel erdacht tönet dem Alten das Lob.
[...]

II. DIE SENSE RAUSCHT, DIE ÄHRE FÄLLT

Die Sense rauscht, die Ähre fällt,
Die Tiere räumen scheu das Feld,
Der Mensch begehrt die ganze Welt.

Theodor Storm

DANIEL DEFOE
ROBINSON LERNT KORN ANBAUEN

Gegen Ende Dezember, in der zweiten Herbstzeit des Jahres, heimste ich dann mein Korn ein.

Da mir bei dieser Arbeit der Mangel einer Sichel oder Sense sehr fühlbar wurde, blieb mir nichts anders übrig, als mir, so gut es ging, eine solche aus einem der breiten Säbel anzufertigen, die ich unter den Waffen aus meinem Schiffe gerettet hatte. Übrigens war meine erste Ernte nur mäßig und das Schneiden derselben machte mir daher keine große Mühe. Ich vollzog es auf meine besondre Weise, indem ich nur die Ähren abschnitt und sie in einem großen Korb, den ich mir geflochten, nach Hause brachte. Dann entkörnte ich sie mit den Händen und gewann dabei nach meinem Überschlag (ich mußte nur mit dem Auge schätzen, da ich kein Maß hatte) nur etwa zwei Scheffel Reis und über zwei und ein halb Scheffel Gerste. Trotzdem diente diese Ernte mir zur großen Ermutigung, da ich hoffte, mir nun mit Gottes Hilfe in Zukunft auch Brot verschaffen zu können. Dabei zeigten sich aber neue Schwierigkeiten. Ich wußte

nämlich weder, wie ich das Korn zerquetschen und Mehl daraus bereiten, noch wie ich dieses von der Kleie reinigen solle, und ebenso wenig wie ich dann aus dem Mehl Brotteig gewinnen und diesen backen könne. Diese Zweifel, vereint mit dem Wunsche, einen reichlichen Vorrat zu besitzen, um für meinen künftigen Unterhalt Sorge zu tragen, veranlaßten mich, die jetzige Ernte noch nicht anzugreifen, sondern sie abermals ganz zur Aussaat aufzubewahren. Ich nahm mir vor, inzwischen all mein Nachdenken und meine ganze Tätigkeit auf das große Werk der Brotbereitung zu verwenden. Jetzt konnte ich in Wahrheit sagen, daß ich für mein tägliches Brot arbeite. Es ist fast wundersam und wenige Menschen haben wohl je darüber nachgedacht, wie viel Dinge notwendig sind, um nur den einen Artikel: Brot! bis zur Vollendung zu bringen. Mir aber, der ich auf den rohen Zustand der Natur angewiesen war, kam dieses, seit ich die erste Handvoll Korn geerntet, in entmutigender Weise zu täglich klarerem Bewußtsein.

Zunächst hatte ich weder einen Pflug, die Erde zu ackern, noch einen Spaten, sie umzugraben. Diesem Mangel half ich jedoch, wie erzählt, ab, indem ich mir einen hölzernen Spaten machte. Allein mit diesem ging die Arbeit auch nur hölzern von statten, und wiewohl seine Anfertigung mich manchen Tag gekostet hatte, nutzte er sich, weil er keinen eisernen Beschlag hatte, rasch ab, und ich brachte die Arbeit mit ihm auch ungenügend zustande. Indes schickte ich mich auch hierin mit Geduld.

Sodann, als das Korn gesät war, fehlte es mir an einer Egge. Ich half mir, indem ich über das Land gehend einen großen und schweren Baumzweig nachschleifte und die Erde also mehr kratzte als eggte. Dann brauchte ich, sobald das Korn hervorgewachsen war, gleichfalls, wie schon erwähnt ist, eine Menge von Dingen um es einzuzäunen, zu schneiden, zu trocknen, einzubringen, zu dreschen, von der Spreu zu trennen und es dann aufzubewahren. Ferner hätte ich auch eine Mühle nötig gehabt, um es zu mahlen; Siebe, um das Mehl zu reinigen; Hefe und Salz um einen Brotteig daraus zu machen und einen Backofen, um es zu backen.

Trotzdem ich alle diese Dinge entbehrte, war mir das Korn doch von unschätzbarem Vorteil. Die Mühsamkeit und Langwierigkeit der Arbeit hatte, abgesehen davon, daß sie nicht zu ändern war, insofern für mich keine Bedeutung, als ich ja mit meiner Zeit nicht so sparsam zu sein brauchte. Ich hatte einen Teil des Tages für jene Arbeiten ein- für allemal bestimmt, und da ich willens war, vorläufig nichts von dem Korn für Brot zu verwenden, so konnte ich während der nächsten sechs Monate meine ganze Tätigkeit und Erfindungsgabe zur Beschaffung von Gerätschaften benutzen, welche für die spätere Verwertung meines Getreides nötig waren. [...]

Meine Gedanken richteten sich nun zunächst auf einen steinernen Mörser und wie ich mir den verschaffen könnte um das Korn darin zu zerstampfen. Denn daß mein einziges Paar Hände es bis zum Kunstwerk einer Mühle bringen werde, daran war nicht zu denken. Für diese aber einen Ersatz zu finden, machte mir nicht geringe Schwierigkeit. Unter allen Handwerken der Welt war ich zu dem der Steinhauerei am wenigsten ausgerüstet. Es fehlten mir nicht weniger als alle Werkzeuge, um die Sache in Angriff zu nehmen. Manchen Tag wendete ich daran, einen Stein ausfindig zu machen, der

groß genug zum Aushöhlen und zur Umgestaltung in einen Mörser wäre; aber ich fand durchaus nur solche, die in dem Felsen fest saßen und die ich auf keinerlei Weise ausgraben oder ausschneiden konnte. Auch waren die Felsen auf der Insel an sich nicht von hinreichender Härte. Sie bestanden vielmehr alle aus einer sandigen, bröckeligen Steinart, die weder die Wucht einer schweren Keule aushalten konnte, noch geeignet war, das Korn darin, ohne es mit Sand zu vermengen, klein zu stoßen. Nachdem ich sehr viel Zeit mit dem Suchen verloren hatte, gab ich es auf und beschloß, mich nach einem harten Holzklotz umzusehen, den ich auch in der Tat viel leichter fand.

Als ich einen, den ich fortzubewegen vermochte, ausgesucht hatte, rundete ich ihn ab und formte ihn an der Außenseite mittels Axt und Hacke. Dann arbeitete ich mit unendlicher Mühe durch Feuer eine Höhlung hinein, wie die Indianer in Brasilien ihre Kanoes auszuhöhlen pflegen. Hierauf fertigte ich mir eine große schwere Keule oder richtiger einen Schlegel von dem sogenannten Eichenholz an und verwahrte beides für die Zeit nach meiner nächsten Ernte, wo ich das Korn zu mahlen oder vielmehr es zu Mehl zu stoßen und dann Brot daraus zu backen gedachte.

Die nächste schwere Aufgabe bestand in der Beschaffung eines Siebes oder Beutels, um das Korn darin zu reinigen und es von den Hülsen zu befreien. Denn ohne einen solchen Gegenstand Brot herzustellen, hielt ich für unmöglich, wagte aber auch kaum auf ein Gelingen dieses Unternehmens zu hoffen. Ich hatte nicht das Mindeste, womit es allenfalls zu bewerkstelligen gewesen wäre, zum Beispiel Gaze oder ähnliches feines, dünnes

Zeug. Mehrere Monate hindurch wußte ich nicht, wie ich die Sache angreifen sollte, besonders deshalb weil, was ich noch an Leinwand besaß, aus bloßen Lumpen bestand. Zwar hatte ich Ziegenhaare, aber ich wußte weder, wie man sie spinnen oder weben sollte, und hätte ich es auch verstanden, so fehlte mir doch jedes nötige Werkzeug dazu. Endlich fiel mir als einziges Auskunftsmittel ein, daß sich unter den Matrosenkleidungsstücken, die ich aus dem Schiff gerettet hatte, auch einige Halstücher von Shirting oder Mousseline befanden. Aus diesen verfertigte ich dann drei kleine Beutel oder Säckchen, die ihren Zweck leidlich erfüllten, und behalf mich damit mehrere Jahre hindurch. Wie ich es später anfing, werde ich seiner Zeit berichten.

Nun mußte auch die Art des Backens selbst überlegt werden und wie ich es anstellen sollte, Brot zu bekommen, wenn ich erst das Korn haben würde.

Erstens nämlich fehlte mir die Hefe; da es für diesen Mangel absolut keine Abhilfe gab, so machte ich mir darüber auch weiter kein Kopfzerbrechen. Aber auch um einen Ofen war ich sehr verlegen. Endlich verfiel ich auf folgenden Ausweg: ich verfertigte einige sehr breite, aber flache irdene Gefäße, etwa zwei Fuß im Durchmesser und nicht mehr als neun Zoll hoch. Diese brannte ich im Feuer, wie ich es mit den andern gemacht hatte, und stellte sie vorläufig beiseite. Als ich dann später ans Backen ging, zündete ich ein großes Feuer auf einem Herde an, den ich mit einigen viereckigen Ziegeln, gleichfalls aus eigener Fabrik, gebaut hatte, bedeckte, sobald das Brennholz ziemlich zu Asche oder zu lebendigen Kohlen verbrannt war, damit den Herd gänzlich und ließ sie da liegen, bis die Platte ganz heiß war.

Dann fegte ich alle Asche ab und legte die Brote darauf, stülpte die irdenen Schüsseln darüber und häufte dann die Asche wieder von außen darum, um so die Hitze zusammen zu halten und zu verstärken. Auf diese Weise buk ich mein Gerstenbrot so gut wie in dem besten Backofen der Welt und bildete mich nebenbei in ganz kurzer Zeit auch zum Konditor aus. Ich bereitete mir nämlich auch verschiedene Kuchen und Puddings aus Reis. Freilich Pasteten zu backen mußte ich bleiben lassen, da ich ja doch nichts gehabt hätte, um sie zu füllen außer etwa Vögel und Ziegenfleisch.

Es ist wohl nicht Wunder zu nehmen, daß über all diese Dinge der größte Teil des dritten Jahres meines Aufenthalts verstrich, besonders wenn man bedenkt, daß ich zwischendurch auch meine erste Ernte und die Bestellung des Feldes zu besorgen hatte. Ich schnitt mein Korn zur rechten Zeit, brachte es so gut ich konnte ein und bewahrte es in den Ähren in meinen großen Körben auf, bis ich Zeit fand, es auszureiben. Ich hatte ja weder Tenne noch Flegel, um es regelrecht dreschen zu können.

Da jetzt meine Kornvorräte zuzunehmen begannen, wurde es nötig, auch die Scheunen größer zu bauen. Ich brauchte einen besonderen Raum, um meinen Vorrat aufzuheben, denn das Korn hatte sich in dem Maße vervielfältigt, daß ich ungefähr zwanzig Scheffel Gerste und ebensoviel oder mehr Reis besaß. Von nun an beschloß ich, aus dem Vollen damit zu wirtschaften, besonders da mein Brot jetzt schon seit einer ganzen Weile völlig aufgezehrt war. Ich nahm mir vor, darauf zu achten, wie viel ich in Zeit von einem Jahre verbrauchen würde, um nur einmal jährlich säen zu müssen. Da sich hierbei ergab, daß die vierzig Scheffel Gerste und Reis viel mehr waren, als ich in einem Jahre verzehren konnte, beschloß ich, alle Jahre dieselbe Quantität wie das letztemal zu säen, in der Hoffnung, daß dies hinreichen würde, mich reichlich mit Brot und dergleichen zu versorgen.

Säst du im März zu früh,
ist es oft vergebene Müh'.

An Gregor (12. März) muß der Bauer
mit der Saat ins Feld.

WAVERLEY ROOT

DAS GETREIDE

Korn. Was man unter dem Begriff Korn zu verstehen hat, hängt davon ab, wo man sich befindet. In Amerika bezeichnet man Mais als Korn, in England Weizen, in Schottland Hafer und in Irland ebenfalls. In Norddeutschland ist Korn Roggen (Vollkornbrot ist Roggenbrot), in Süddeutschland hingegen Weizen. In Südafrika gibt es Kaffernkorn, eine Hirse *(Panicum)*. Es sei nicht verschwiegen, daß das gleichnamige norddeutsche alkoholische Getränk aus Getreide destilliert wird.

Gerste. In der Jungsteinzeit begannen die Menschen, Pflanzen zu kultivieren, und zu diesen Pflanzen zählt die Gerste, die somit eine der ältesten Getreidearten ist. [...]

Bis ins 16. Jahrhundert hinein war Gerste das Hauptgetreide Europas, an Bedeutung dem Reis in Asien vergleichbar. Wie schon im antiken Griechenland verlor sie ihren Platz infolge ihres geringen Klebergehalts, der sie für Brotteige, die mit Hefe oder Sauerteig angesetzt werden, ungeeignet macht. Dennoch ist Gerste ein nährstoffreiches Getreide, das mehr Protein enthält als beispielsweise Reis, und in Regionen, in denen sich Weizen nicht anbauen läßt, wird sie noch heute kultiviert, auch wenn die Hälfte der heutigen Gerstenproduktion als Viehfutter verwendet wird und ein Großteil der anderen Hälfte vom Menschen flüssig, in Form von Bier, konsumiert wird.

Roggen. [...] Roggen ist neben Weizen und Reis eines der drei für die menschliche Ernährung wichtigsten Getreide, und nur Roggen und Weizen enthalten Gluten oder Kleber, der das Mehl quellfähig macht und das Brot aufgehen läßt. Roggen liefert den besten Kornbranntwein, und der dünne obere Teil seines Halmes wird als Einlage für Virginia-Zigarren verarbeitet.

Ein Nachteil des Roggens besteht in seiner besonders großen Anfälligkeit für Mutterkorn, verursacht durch den Mutterkornpilz *Claviceps purpurea,* der das befallene Getreide mit stark giftigen Alkaloiden verseucht; die Symptome der Ergotismus genannten Vergiftung reichen von Benommenheit, Schwindel, Erbrechen, Durchfall und Krämpfen bis zu Gefäßkrämpfen, Gangräne und Tod. Mutterkorn heißt der Giftkomplex, weil seit dem Mittelalter die wehenfördernden und blutstillenden Eigenschaften genutzt wurden (auch Abtreibungen wurden mit Mutterkorngift durchgeführt).

Das Auftreten unerklärlicher und unbekannter Krank-

Verschiedene Roggensorten

heiten sah man im Mittelalter gern als das Werk entweder Gottes oder des Teufels an, und so hielt man es auch
mit den von Zeit zu Zeit grassierenden Massenvergiftun-
gen durch Mutterkorn. Aus den befallenen Ähren ragt
ein schwarzvioletter Dorn, sie sind mit bloßem Auge von
gesundem Getreide unterscheidbar, aber bei Nahrungs-
knappheit oder Hungersnöten konnten die Bauern es
sich nicht erlauben, wählerisch zu sein, und aßen auch
Getreide, das sie sonst instinktiv gescheut hätten.

Die letzte Ergotismusepidemie in Frankreich ereignete
sich 1816, das letzte mir bekannte Auftreten in den 50er
Jahren, doch eine der berühmtesten Folgen der Vergiftung durch Mutterkorn dürften die Salemer Hexenpro-
zesse von 1692 darstellen.

Weizen. [...] Im Mittelalter zog man dem Weizen meist
genügsamere und widerstandsfähigere Getreide wie
Gerste, Roggen und sogar Hirse vor; sie dienten vor-
rangig der Brei- und nicht der Brotherstellung; feines
Weizenbrot, wie es heute überall zu kaufen ist, gelangte
ohnehin nur auf die Tafeln der Vornehmen, und lange
blieb Weizenbrot eine Festtagsspeise für den gemeinen
Mann.

In der Neuen Welt wurde der erste Weizen von Ko-
lumbus persönlich gepflanzt, und zwar im heutigen
Puerto Rico; Spanier und Franzosen pflanzten Weizen
im Süden Nordamerikas, in Mittelamerika und im Norden Südamerikas.

Heute, da Weizenmehl ein Alltagsartikel geworden ist,
essen gesundheitsbewußte Menschen in Europa und
den USA ballaststoffhaltiges Vollwertbrot, aber das stört
die Franzosen und alle Südeuropäer nicht, die weiterhin
ihr geliebtes Weißbrot verzehren.

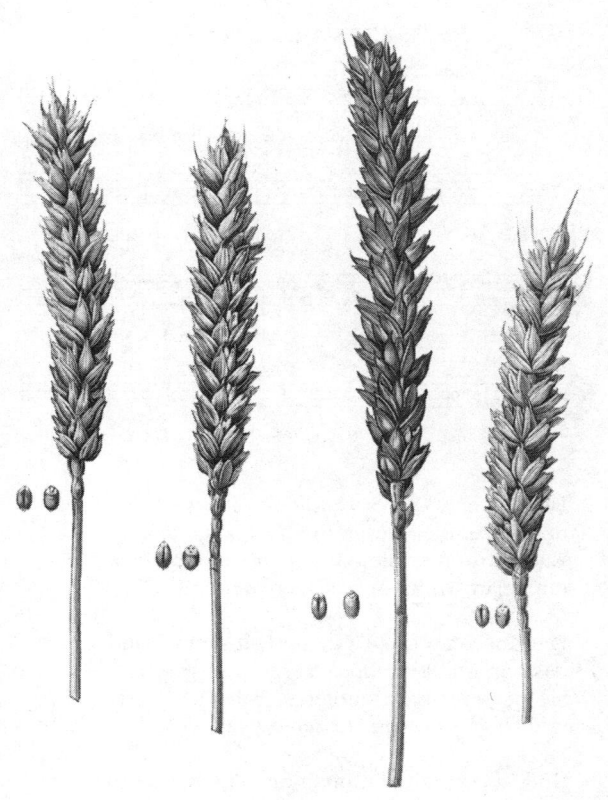

Verschiedene Weizensorten

IM MÄRZEN DER BAUER ...

1. Im Mär-zen der Bau-er die Röß-lein ein-spannt; er
bringt sei-ne Fel-der und Wie-sen in-stand. Er
ak-kert, er eg-get, er pflü-get und sät und
regt sei-ne Hän-de von mor-gens bis spät.

2. Den Rechen, den Spaten, den nimmt er zur Hand
und setzet die Wiesen in ebenen Stand.
Auch pfropft er die Bäume mit edlerem Reis
und spart weder Arbeit noch Mühe und Fleiß.

3. Die Knechte und Mägde und all sein Gesind,
das regt und bewegt sich wie er so geschwind.
Sie singen manch munteres, fröhliches Lied
und freun sich von Herzen, wenn alles schön blüht.

4. Und ist dann der Frühling und Sommer vorbei,
so füllet die Scheuer der Herbst wieder neu;
und ist voll die Scheuer, voll Keller und Haus,
dann gibt's auch im Winter manch fröhlichen
Schmaus.

BAUERNARBEIT IM MITTELALTER

Erst im 15. Jahrhundert beginnt man zum Mähen des Getreides, und auch jetzt nur zögernd, Sensen zu verwenden. Anfangs handelt es sich um eine gewöhnliche Heusense, die seit langem zur Heumahd verwendet wurde. Erst als am Griff, dem Sensenstiel, ein Rost zum Ablegen des Getreides befestigt wurde, entstand die neue, die Getreidesense. Sie war bis in unser Jahrhundert hinein im Gebrauch (wie man bis zum 18. Jahrhundert das Getreide in der Hauptsache immer noch mit Sicheln schnitt). Kalender- und Bibelminiaturen bilden auch hölzerne Rechen für Heu und Gras ab, wie wir sie heute noch haben, auch geflochtene Körbe, zweizähnige Jäthacken, eiserne, zu Gartenarbeiten verwendbare Schaufeln, zu Ausgang des Mittelalters diese besondere Art von Garten- oder Winzermesser, die einer Sichel mit nicht abgewinkelten Griffen glichen.

Waren die Garben gebunden, auch dafür haben wir mittelalterliche Bilder, wurden sie in die Schober oder Scheunen oder gedeckten Feimen gefahren. Nach der Ernte kamen die Drescher auf gedeckte Tennen in der Mitte der Scheunen. Weder schriftliche Quellen noch spätere mittelalterliche Miniaturen weisen andere Geräte als die aus Halter und Schläger bestehenden Dreschflegel auf, wie man sie bis weit in unser Jahrhundert hinein verwendet hat. Das ausgedroschene Stroh muß sich noch eine Säuberung gefallen lassen, wozu man hölzerne Gabeln, Schaufeln (Kornschaufeln), Besen und Siebe verwendete. Das Getreide wurde geworfelt, und der durch die Besen aufgewirbelte Wind trug die leichtere Spreu davon. Das Korn lief dann durch die Siebe, Miniaturen stellen sie häufig dar, und wurde von Unkraut und Sand gesäubert. Erst im 16. Jahrhundert entdeckt man auf Bildern Bretterrinnen, frei auf Ständern aufgehängt und mit einem Sieb am Ende versehen. In sie wurde das Korn geschüttet und durch Schütteln des Siebes vom Schmutz befreit.

Sind die Ernten im Laufe der mittelalterlichen Jahrhunderte größer geworden? In frühmittelalterlicher Zeit konnten im Jahr der vom König veranlaßten Bestandsaufnahme die Aussaatmengen bei Dinkel 36 Prozent, bei Weizen 40, bei Gerste 38 und bei Roggen 100 Prozent des Ertrags erreichen. Das sind Zahlen, die unter Ergebnissen der Spätantike liegen; es ist anzunehmen, daß in späteren mittelalterlichen Jahrhunderten drei- bis vierfache Ernteerträge erzielt wurden. Aber es gibt noch keinen chemischen Kunstdünger, und der natürliche Dung reicht bei weitem nicht aus. Die Viehzucht ist schwach. Daran sind die Viehseuchen schuld, aber auch die Stellenwerte auf der agrarwirtschaftlichen Kategorientafel: das Weideland kommt erst an zweiter Stelle und bleibt gegenüber den Feldern und Kulturpflanzen vernachlässigt. Die Versorgung mit pflanzlicher Nahrung hat den Vorrang; der Fleischbedarf läßt sich auch mit Wildbret decken. [...]

Hat der mittelalterliche Maler das biblische Gleichnis von der Getreideernte zu erzählen, so zeigt er beim Mähen der Ähren akkurat gezähnte Sicheln, das Garbenbinden, ihre Anordnung in Mandeln und Schobern: die Bauernarbeit gründet sich auf ein ansehnliches Arsenal von Fertigkeiten und Gerätschaften. Daß sich der Getreideertrag im Laufe der Jahrhunderte erhöhte, schon der

Übergang zur Brachfeldwirtschaft tat das seine dazu, ließ sich gar nicht vermeiden. Das machte aber eine bessere Aufbewahrung notwendig. Anfangs hatte man dafür Getreidegruben, die in der Erde ausgehöhlt waren. Dort war das Korn, gegen Luftzutritt geschützt, recht gut gelagert. Miniaturen zeigen indessen hölzerne Truhen, und schriftliche Anmerkungen erwähnen vom 10. Jahrhundert an Speicher und Schüttböden. Stadt und Land haben da ihre Unterschiede: Truhen und Speicher sind für das Land charakteristisch, während die Städter ihre ausgedehnten Schüttböden besaßen. Das Getreide hat man – hier und dort – in Leinensäcken getragen und transportiert; die wenigen, die sich aus dem Mittelalter erhalten haben, in unseren Museen heute findet man meist solche des 19. oder unseres Jahrhunderts, lassen wichtige Rückschlüsse zu auf die Ausgriffe von Mehlproduktion und Mehlhandel. Lange haben die Bauern ihr Mehl zwischen rotierenden Mühlsteinen selbst gemahlen. Bis die Wassermühlen einzogen (und mit ihnen auch eine ganz neue Möglichkeit städtisch-bäuerlicher Kommunikation), schlugen die Bauern auch auf häusliche Art Graupen in Hand- oder Fußstampfen und benützten Ölpressen in ihren Dörfern.

Die Mehlzubereitung und natürlich das Brotbacken ist Hausarbeit, die bei den Bauern in der gleichen Arbeitskleidung erledigt wird wie draußen auf dem Feld. In dieser Hinsicht ist die mittelalterlich-bäuerliche Bevölkerung bis in die Frühneuzeit hinein fast auf dem Stand des romanischen Zeitalters stehengeblieben.

Erntearbeiten (15. Jahrhundert)

DORFKINDHEIT

In der Kindheit damals, Ende der vierziger, Anfang der fünfziger Jahre, war das Dreschen des Getreides mit der Maschine noch ein Ereignis. Es wurde nicht automatisch gleich auf den Feldern abgewickelt – zur einen Seite des Automaten die Ähren hinein, zur andern Seite das Herausfallen der mahlfertigen Säcke –, sondern fand daheim in den Scheunen statt, mit einer Leihmaschine, die in der Dreschzeit von Hof zu Hof ging. Für den Vorgang des Korndreschens wurde eine richtige Kette von Handlangern benötigt, von denen einer jeweils die Garbe von dem im Freien stehenden, für die Scheune viel zu großen und zu hoch beladenen Wagen herunterwarf zum nächsten, der die Garbe, möglichst nicht mit der falschen, der ungriffigen, der Ährenseite voran, weiterreichte zur Hauptperson drinnen an der dröhnenden, die ganze Scheune vibrieren lassenden Maschine, wo die Garbe herumgeschwenkt und an den Ährenspitzen sacht zwischen die Dreschzahnrollen geschoben wurde – großes Prasseln, das da jeweils losbrach –, worauf hinten dann das leere Stroh herausgeschlittert kam und, zum Haufen geworden, vom nächsten Handlanger mit einer sehr langen Holzzinkengabel hinaufgehievt wurde zu den letzten in der Kette, meist den vollzähligen Dorfkindern oben im Scheunendachboden, die das Stroh in die hintersten Winkel zu schleppen und in die letzten freien Schlüpfe zu stopfen und festzutreten hatten, je mehr sich davon zwischen ihnen auftürmte, desto mehr schon im Finstern. Das alles dauerte, bis der Wagen vor dem Tor, sein Leichterwerden anzeigend durch ein Lichterwerden in der Scheune, leer war, ohne Pause, in einem rasch ineinandergreifenden Verlauf, den aber ein Fehlgriff sofort ins Stocken oder Schleudern brachte. Auch der letzte in der Kette, gegen Ende der Dreschstunde oft schon eingezwängt, fast ohne Spielraum, zwischen den Strohbergen, konnte, wenn er für das immer noch weiter rasch nachgeschobene Stroh nicht im Handumdrehen noch im Dunkeln neben sich einen Platz fand, den Ablauf stören, indem er, nah am Ersticken, von seinem Posten flüchtete. Aber war das Dreschen wieder einmal glücklich vorbei, die allesübertönende Maschine – auch keine Verständigung schreiend Mund an Ohr möglich – abgeschaltet: Was für eine Stille, nicht nur in der Scheune, sondern im ganzen Land; was für ein Licht, das, statt zu blenden, einen nun umfing. Während sich die Staubschwaden legten, versammelten wir uns mit wankenden Knien, taumelnd und torkelnd, das dann auch schon ein wenig im Spiel, draußen im Hof. Unsere Beine und Arme waren zerkratzt; Ährengräten steckten in den Haaren, zwischen Fingern und Zehen. Das Nachhaltigste aber an diesem Bild sind unsere Nasenlöcher: vom Staub nicht nur grau, sondern schwarz, bei den Männern, den Frauen wie uns Kindern. So saßen wir – in meiner Erinnerung immer draußen in der Nachmittagssonne – und genossen redend oder schweigend die gemeinsame Müdigkeit, von dieser, die einen auf der Hofbank, die andern auf der Wagendeichsel, die dritten weiter weg schon im Gras der Bleiche, tatsächlich wie versammelt, in einer episodischen Eintracht, auch aller Nachbarn, auch der Generationen. Eine Wolke von Müdigkeit, eine ätherische Müdigkeit vereinte uns damals (bis sich die nächste Garbenladung ankündigte). Bilder solcher Wir-Müdigkeiten aus der Dorfkindheit habe ich noch mehr.

Der Sankt Kilian (8. Juli),
der stellt die Schnitter an.

Ist der August recht hell und heiß,
lachen die Schnitter im Schweiß.

ANNA WIMSCHNEIDER

DRESCHZEIT

Bei der Ernte haben wir damals alles mit der Sense gemäht, ich habe die Garben gebunden, die dann auf dem Feld zu Mandln zusammengesetzt wurden, sieben Garben zu einem Mandl. Da blieben sie zum Trocknen einige Tage stehen, bis man sie einfahren konnte. Heute frage ich mich oft, wie ich das während des Krieges sechs Jahre lang schaffen konnte. Nachher, als wir uns schon einen Schlepper gekauft hatten, 1953, mähten wir das Getreide mit dem Bindemäher, der hat 3000 Mark gekostet, da blieb nur noch das Mandlaufstellen. Unsere Kinder mußten die Garben halten, damit sie nicht umfielen, bis das Mandl fertig zusammengesetzt war. Die Garben waren höher als die Kinder, die bei dieser Arbeit schnell müde wurden. Ich mußte heim zur Stallarbeit, und da hat mein Mann den Kindern Geschichten erzählt und Gedichte vorgetragen, wie die Bürgschaft von Schiller und andere, damit die Kinder ausgehalten haben, denn es wurde spät und der Mond stand hoch am Himmel. Wenn mir beim Kühemelken die Augen zufielen und Träume kamen, melkte ich einfach weiter, während der Albert sich nach dem Mandlaufstellen kurz mit den Kindern ein wenig auf den Rain legte, weil alle so müde waren.

Vor dem Krieg waren noch viele Dienstboten da, und wir hatten beim Dreschen des Getreides viel Spaß, besonders im Herbst, wenn die Drischlegen gehalten wurden. Bei den größeren Bauern dauerte das Dreschen mit dem Dampf drei, vier Tage und die Größe eines Hofes wurde mit der Dauer der Dreschtage angegeben. Da gab es vielleicht was zu essen! Am Morgen eine kräftige Trebernsuppe, um neun Uhr zur ersten Brotzeit einen Erdäpfelkas, zum Trinken Scheps oder Apfelmost, und zu Mittag ein Trumm Schweinernes gebraten, mit Knödeln. Bei einem Hof hat die Bäuerin Kartoffelknödel von gekochten Kartoffeln gemacht, die waren bekannt als besonders gut, und die weite Tonschüssel war aufgegupft voll von ihnen, da blieb aber keiner übrig. Nach dem Essen sprach diese Bäuerin ein kurzes Gebet, ein Vaterunser und ein Gegrüßt-seist-du-Maria. Dabei hat sie die Worte so verhunakelt, daß die Leute nur mühsam das Lachen verbeißen konnten. Hätten sie den Wortlaut nicht auswendig gewußt, niemand hätte ein Wort verstanden. Nachmittags um drei, bei der zweiten Brotzeit, war die schlimmste Zeit überstanden, denn die vergangenen drei Stunden waren die heißesten und ermüdendsten. Um sechs Uhr war Feierabend, und nun

Vincent van Gogh: Kornschober

kam alles auf den Tisch, was es Gutes gab. Zuerst eine Hühnersuppe, dann Kaffee mit Schmalzküchel, die innen mit Zwetschgenmus gefüllt waren, die sogenannten verfaulten Kartoffeln, so war immer die Reihenfolge. Und nun gab es Torten und allerlei Gebäck, gefüllt mit Marmelade, alles was man sich nur denken konnte. Eine Bäuerin wollte die andere übertreffen und die heranwachsenden Töchter erst recht.

Am letzten Abend nun, da war die Drischleg. Das wurde ein lustiger Abschluß mit etwas Tanz und verschiedenen Spielen, bei denen es gar nicht zimperlich zuging. In der Tanzpause ging das mit dem Stockschlagen an, ein Bursch bückte sich in den Schoß eines anderen, der auf einem Stuhl saß und ihm die Augen zuhielt. Die andern standen im Halbkreis hinter ihm und hauten ihn mit der flachen Hand gekonnt auf den Hintern, und der Geschlagene mußte den Täter erraten, sonst war der nächste Schlag fällig.

Auch die Weiberleut kamen dran, alle setzten sich im Kreis auf den Boden und stellten Gänse dar, die auf dem Markt zum Verkauf waren. Einer der Burschen spielte den Verkäufer, ein anderer wollte eine schöne fette Gans erwerben. Das ging mit lustigen Gesprächen hin und her, und während der eine die Vorzüge pries, mäkelte der andere an der Ware herum. Er kraulte die Haare, das Gefieder war ihm nicht recht, die Gans ist in der Mauser, und je witziger geredet wurde, umso mehr Gelächter gab es. Dann hob der Käufer die Gans an, die eine war ihm zu schwer und fett, die andere zu leicht, er griff ihr an den Schenkel, die ist ja ganz blau, bis dann das Weiberleut drankam, auf das es eigentlich abgesehen war. Als sie dann zur Gewichtsprüfung angehoben wurde, schob ihr von hinten schnell ein Bursch eine flache Schüssel mit kaltem Wasser unter den Hintern, die Gans wurde fallen gelassen und es gab ein Mordsgelächter.

Willst du Korn im Überfluß,
so sä es an Ägidius (1. September).

Tritt Matthäus (21. September) ein,
muß die Saat beendet sein.

WEIZENLIEFERUNGEN

Wir überquerten den Engare Rongai, diesen romantischen Bergbach am Westhang des Kilimandscharo, auf einer schmalen Betonbrücke. Dann bogen wir vom Hauptweg nach rechts ab, fuhren bergan. Goldgelbe Weizenfelder säumten den Weg. Die Luft war voller Geruch; es duftete nach feuchter Erde und Pflanzenkeimen. Der Landrover kämpfte sich nach Nduimet hoch, zu einer Staatsfarm der *Tanzania National Food Corporation*. Die Farm, so wußten wir, hatte bis 1980 dem britischen Lonrho-Konzern gehört. 15 Jahre lang war sie im Auftrag der Lonrho von einem Neuseeländer namens Paddy Fox bewirtschaftet worden.

Schon seit Stunden hatten wir keinen Menschen mehr zu Gesicht bekommen. Etwa 200 Meter oberhalb von

Paddys altem Wohnhaus liegen Silos, Ställe, Geräte-schuppen. Von weitem sahen wir drei Mähdrescher ne-beneinander unter einem Wellblechdach stehen.

Neben einem der Mähdrescher hockte jemand. Er saß auf einem Sack, aus dem, wie wir beim Näherkommen sahen, Weizen gerieselt war. Schläfrig erhob er sich, als wir ihn begrüßten. Schläfrig gab er Auskunft, als wir ihn fragten.

Nein, Vieh gebe es hier nicht mehr. Paddy Fox, ja, der hatte viel Vieh.

Nein, Arbeiter seien im Augenblick nicht da.

Ja, der Weizen sei okay.

Nein, er werde nicht geerntet.

Wie bitte?

Nun ja, no spare parts, keine Ersatzteile. Die Mähdre-scher seien kaputt.

Europäer versuchen gern, solche afrikanischen Erfah-rungen auf europäische Bedingungen zu übertragen: Wenn die Mähdrescher kaputt sind (und wenn man sie schon nicht reparieren kann), dann könnte doch mit der Hand gemäht werden, oder? Wieso holt der Farmmana-ger nicht einige der vielen tausend arbeitslosen Landar-beiter aus den nur zwanzig Kilometer entfernten Dörfern weiter unten? Jeder von ihnen, so wollte ich sagen, könnte sich doch zumindest so viel mähen, daß seine hungernde Familie davon ein paar Wochen Nahrung hätte. Ich kam gar nicht dazu, etwas so Kompliziertes zu äußern. Denn der Farmmanager lachte: Es sei völlig überflüssig, daß wir uns Gedanken machten. Die Regie-rung werde schon sehr bald Weizen schicken. Als ich später – es war 1983 – mit Tansanias damaligem Land-wirtschaftsminister John Baptist Machunde über den auf den Feldern verrottenden Weizen vom Kilimandscharo sprechen wollte, hielt der meine Besserwisserei für übertrieben: »Der Weizen ist überhaupt kein Problem. Wir bekommen dieses Jahr 160 000 Tonnen Getreide aus Kanada, Frankreich und den USA. Wir könnten mehr gebrauchen, aber es reicht.«

Randolph Braumann

Sofern Nahrungsmittelhilfe nicht als reine Nothilfe in akuten Krisensituationen, sondern als Projekt- und zumal als Programmhilfe auf Dauer vergeben wird, kann sie als »süßes Gift« hochproblematische Wirkungen haben: Staatliche Nahrungsmittelhilfe – immer schon ein Instrument zur subventionierten Vermarktung von Überschüssen bzw. zur Erschließung und Pflege von Absatzmärkten – liefert die Empfängerländer nicht nur der Unsicherheit über die jeweilige Höhe der Überschüsse in den Geberländern aus, sondern macht ihre Regierungen auch politisch abhängig und erpreßbar, sobald die Hilfe zum unverzichtbaren Element der Wirtschafts- und zum Ersatz für Sozialpolitik geworden ist (»Weizen als Waffe«); in dem Maße, in dem Nahrungsmittelhilfe so zur Etathilfe wird, ist die Souveränität über die eigene Ernährungs- und Agrarpolitik verloren. Daß die eingesparten Mittel dann für entwicklungspolitisch weniger wichtige oder fragwürdige Zwecke, z. B. der Rüstung, einsetzbar sind, verschiebt nicht nur politische Prioritäten in den Haushalten, sondern zieht neben den finanziellen auch allgemein *politische Ressourcen* von der eigenen Landwirtschaft ab. Die dauerhaft mit Hilfsgütern versorgte Bevölkerung ändert möglicherweise ihre Verzehrgewohnheiten weg von traditioneller Nahrung hin zu importiertem Weißmehl; in Problemgebieten kann eine Empfängermentalität herangezüchtet werden, die eigene Initiativen lähmt oder sinnlos macht.

Reinhard Wesel

Ab Michaeli (29. September), in der Tat,
gedeiht die beste Wintersaat.

Wer zu Sankt Lukas (18. Oktober) Roggen streut,
bei der nächsten Ernte es nicht bereut.

ERNTELIED

Es ist ein Schnitter, der heißt Tod,
Hat Gewalt vom höchsten Gott,
Heut wetzt er das Messer,
Es schneid't schon viel besser,
Bald wird er drein schneiden,
Wir müssen's nur leiden.
Hüte dich, schön's Blümelein!

Was heut noch grün und frisch da steht,
Wird morgen schon hinweggemäht:
Die edlen Narzissen,
Die Zierden der Wiesen,
Die schön' Hyazinthen,
Die türkischen Binden.
Hüte dich, schön's Blümelein!

Viel hundert tausend ungezählt,
Was nur unter die Sichel fällt,
Ihr Rosen, ihr Lilien,
Euch wird er austilgen,
Auch die Kaiser-Kronen,
Wird er nicht verschonen.
Hüte dich, schön's Blümelein!

Das himmelfarbe Ehrenpreis,
Die Tulipanen gelb und weiß,
Die silbernen Glocken,
Die goldenen Flocken,
Senkt alles zur Erden,
Was wird daraus werden?
Hüte dich, schön's Blümelein!

Ihr hübsch Lavendel, Rosmarein,
Ihr vielfärbige Röselein.
Ihr stolze Schwertlilien,
Ihr krause Basilien,
Ihr zarte Violen,
Man wird euch bald holen.
Hüte dich, schön's Blümelein!

Trotz! Tod, komm her, ich fürcht dich nicht,
Trotz, eil daher in einem Schnitt.
Werd ich nur verletzet,
So werd ich versetzet
In den himmlischen Garten,
Auf den alle wir warten.
Freu' dich, du schön's Blümelein.

Hauszeichen eines Bäckers

III. VON MÜLLERN UND BÄCKERN

GEORGE SAND
DER EHRLICHE MÜLLER

»So!« sagte Monsieur Bricolin, »der Müller wird also mit uns essen. Madame hat recht, nicht stolz zu sein. Das ist das Mittel, bei anderen stets auf Gutwilligkeit zu treffen. Rose, rufe du also den Grand-Louis, er ist dort im Hof. Sag ihm, die Suppe ist auf dem Tisch. Es hätte mich einiges gekostet, den Burschen vor den Kopf zu stoßen. Wissen Sie, Frau Baronin, ich habe Grund, an dem Müller zu hängen. Er ist der einzige, der nicht das zweifache Maß einbehält oder das Korn austauscht. Ja, er ist in der Gegend der einzige, der Teufel soll mich widerlegen! Sie sind alle Diebe, der eine wie der andere. Übrigens sagt das auch ein Sprichwort hier bei uns: ›Jeder Müller ein Dieb.‹ Ich habe es mit allen probiert und habe bisher nur den da entdeckt, der keine falschen Rechnungen macht oder üble Mehlmischungen. Davon abgesehen ist er uns gegenüber sehr aufmerksam. Er würde meinen Weizen nie mit Mühlsteinen mahlen, mit denen er gerade Gerste oder Roggen zerquetscht hat. Er weiß, daß so das Mehl verdorben und ihm die Weiße genommen wird. Es ist eine Sache seiner Selbstachtung, mich zufriedenzustellen, weil er weiß, daß es mir wichtig ist, schönes Brot auf dem Tisch zu haben. Das ist meine einzige Grille! Es versetzt mir einen Schlag, wenn jemand zu mir kommt und nicht sagt: ›Ach, was für schönes Brot! Nur Ihr, Meister Bricolin, habt solches Getreide! Wie Getreide aus Spanien, mein Lieber, da kann man sich was drauf einbilden!‹«

»Mit Sicherheit ist Ihr Brot herrlich!« sagte Marcelle, um sowohl den Müller hervorzuheben als auch Monsieur Bricolins Eitelkeit zu befriedigen.

»Ach, mein Gott, was für ein Aufhebens wegen eines Loches mehr oder weniger im Brot und eines Scheffels mehr oder weniger in der Woche!« sagte Madame Bricolin. »Wenn es Müller gibt, die viel näher sind, und eine Mühle gleich hier ums Eck, was braucht man dann einen Mann, der eine halbe Meile weg wohnt!«

»Was geht das dich an«, sagte Monsieur Bricolin, »wo er doch die Säcke holt und zurückbringt, ohne ein Getreidekorn mehr zu nehmen, als er vermahlt? Außerdem hat er eine schöne, gute Mühle, zwei große neue Räder, ein hervorragendes Wasserbecken, und an Wasser fehlt es ihm nie. Es ist angenehm, nie warten zu müssen.«

ES KLAPPERT DIE MÜHLE …

1. Es klappert die Mühle am rauschenden Bach –
   klipp, klapp!
   Bei Tag und bei Nacht ist der Müller stets wach –
   klipp, klapp!
   Er mahlet uns Korn zu dem kräftigen Brot,
   und haben wir dieses, so hat's keine Not!
   Klipp, klapp, klipp, klapp, klipp, klapp!

2. Flink laufen die Räder und drehen den Stein –
   klipp, klapp!
   Und mahlen den Weizen zu Mehl uns so fein –
   klipp, klapp!

Der Bäcker dann Zwieback und Kuchen draus bäckt,
der immer den Kindern besonders gut schmeckt.
Klipp, klapp, klipp, klapp, klipp, klapp!

3. Wenn reichliche Körner das Ackerfeld trägt –
klipp, klapp!
Die Mühle dann flink ihre Räder bewegt –
klipp, klapp!
Und schenkt uns der Himmel nur immerdar Brot,
so sind wir geborgen und leiden nicht Not.
Klipp, klapp, klipp, klapp, klipp, klapp!

GIULIANA BIAGIOLI

DORT UNTEN IN DER MÜHLE

Zu den unheimlichen und magischen Zügen des Müllers
tragen meiner Meinung nach auch der abgelegene Ort,
an dem er die meiste Zeit arbeitet, die Wälder, die nächtlichen Geräusche sowie die schon erwähnte Macht über
die Naturkräfte bei. Die Nacht, in der der Müller arbeitete, war auch die Zeit, in der der Teufel sein Unwesen
trieb, und in einigen Erzählungen schließt der Müller mit
ihm einen Pakt.

In der sozialen Rangordnung stand der Müller über
den Bauern der Umgebung, oft auch über anderen
Handwerkern wie dem Schuster oder vielleicht auch
dem Schmied; letztere jedoch erfreuten sich eines
freundlicheren und entspannteren Verhältnisses zu den
Kunden.

In einigen Gemeinden genoß der Müller besondere

Tomi Ungerer: Es klappert die Mühle …

Achtung, nicht nur wegen seiner Arbeit, von der alle abhingen, sondern auch weil er Grundbesitzer war, weil er über Beziehungen zu der Herrschaft oder anderen Autoritäten verfügte, oder weil er einer der wenigen war, die Kontakte mit der Stadt pflegten. [...]

Von Chaucer bis Goethe ist die Literatur voll von Beispielen für die erotische Bedeutung der Mühle und des Müllers. Die Mühle war ein Ort, an dem die weibliche Tugend gefährdet war, leicht konnte der Müller den Besuch einer Kundin zu Annäherungsversuchen ausnutzen. Als Gegenleistung für ein sorgfältiges Mahlen, für nicht erhobenes Mahlgeld zeigt sie sich manchmal willfährig. Daß es sich dabei nicht nur um einen literarischen Topos handelt, beweist die noch in jüngerer Zeit bezeugte große Eifersucht der Müllersfrauen. Andererseits wurde die schöne Müllerin oft selber dem Verdacht der Prostitution ausgesetzt, und das Wort »mahlen« hat in der Literatur, in Verbindung mit der Müllerin, einen zweideutigen Klang angenommen. Andere heimliche Liebschaften in der Mühle waren weit harmloser: So gingen die jungen Frauen zum »Mahlen« in die Mühle, um sich dort, mit Wissen der Mütter, mit ihren Geliebten zu treffen.

Natürlich war die Mühle nicht nur ein amouröser Treffpunkt. Auch in anderer Hinsicht war sie ein Ort sozialer Integration. Lag die Mühle innerhalb des Dorfes, so gingen die Dorfbewohner nicht nur zum Mahlen dorthin, sie wollten sich zu Schwatz und Klatsch dort treffen. War der Müller überdies noch Kaufmann oder gar Wirt, eröffnete er eine Weinstube, die wegen vergleichsweise niedriger Preise die Kunden anlockte, dann hatte die Mühle als Treffpunkt naturgemäß an Bedeutung gewonnen. Es wäre sehr interessant festzustellen, ob die Moulin de la Galette, die Renoir verewigt hat, oder das Pariser »Moulin Rouge« aus einer ähnlichen Funktionserweiterung hervorgegangen sind.

Aber auch die auf dem Land verstreuten Mühlen – wie etwa die Ölmühlen – galten bis zum Verschwinden der traditionellen Gesellschaftsformen als Orte der Begegnung und Kommunikation. Aus kleinen abgelegenen Dörfern Mittelitaliens kamen die Bauern morgens mit dem Esel und einem Sack Korn zur Mühle und warteten manchmal den ganzen Tag, bis sie an die Reihe kamen. Dann saßen sie um den Herd, legten ihren Proviant – ein bißchen Wurst, eine Flasche Wein – zusammen, und der Müller brach den »gemeinsamen Mehlberg« für ein Fladenbrot an. Man sang und scherzte. Man tratschte über die Feldarbeit, über die Musikabende und über die Familien.

KLAUS VON EINSIEDEL
BÄCKERZUNFT

Bereits im alten Ägypten, Griechenland und antiken Rom sind staatliche und private Bäckereien mit der Herstellung von Brot und anderen Teigwaren beschäftigt. Unter Oberaufsicht verrichten meist männliche Sklaven dieses Gewerbe.

In Deutschland kennt man schon vor dem 10. Jh. den beruflichen Bäcker, der an Fronhöfen und auch Klöstern seiner Arbeit nachgeht und vielfach Leibeigener, Klosterknecht oder Klosterbruder ist.

Jan Joris van Vliet: Bäcker

Durch das Wachstum der Städte entwickelt sich im Laufe des 10. Jhs. der Bäckerberuf als eigener Berufsstand, d. h. die Bäcker gelten dort als selbständige erwerbstätige freie Bürger. Der Bäcker hat fortan die Rechtsstellung als Gleicher unter Gleichen, muß sich allerdings dem strengen Reglement der Stadtobrigkeit und der Zunft beugen. Er besitzt aber noch kaum eigenes Eigentum und somit ist seine Lage recht bescheiden, da in einem stadteigenen Backofen häufig abwechselnd mit anderen Berufskollegen gebacken werden muß. Der Bäcker gilt hierbei nicht als Stadtbediensteter, sondern als Unternehmer, da er seine Ware selbst herstellt, verkauft und vom Erlös lebt.

Von der Zunft wird vorgeschrieben, wie viele Backwaren jeder Bäcker herstellen darf, ferner ist dieser an das Gewicht und den Preis gebunden, so daß der Konkurrenzkampf ausgeschlossen ist. Die Zunft überwacht genau die Qualität der Backwaren. Werden minderwertige Waren oder Fehlgewichte festgestellt, drohen ganz empfindliche Strafen. So ist es üblich gewesen, daß neben Geld- und Gefängnisstrafen, z. B. beim Untermischen von Streckmitteln ins Mehl, die strengen Rechtsbräuche des Mittelalters, wie Tauchen mit eisernen Körben in den Fluß oder sogar das Erhängen, Anwendung finden.

Gleichzeitig prägt sich das Berufsbewußtsein der Bäcker aufgrund der christlichen Gesinnung. Man sieht den Beruf als ein Amt an, das der gesamten Gemeinschaft dient. Allzu großes Erwerbs- oder Gewinnstreben gilt als Unrecht, denn jedem steht nur ein standesgemäßes Auskommen zu. Es wird dadurch garantiert, indem nicht mehr Bäcker in einer Stadt tätig sein dürfen, als Verdienst finden können. Diese Grundsätze werden auch beibehalten, nachdem die Bäcker ihre eigene Backstube mit Ofen betreiben. Vielfach begrenzt ist auch die Anzahl der beschäftigten Gesellen und Lehrlinge. [...]

Der Bäckermeister ist im Mittelalter ein angesehener Bürger der Stadt, während der Geselle lange Zeit hindurch seiner Rechtsstellung nach nur ein Backknecht bleibt.

Für die Jungknechte oder Junggesellen ist es zu dieser Zeit auch Brauch, daß diese nach den Lehrjahren auf die Wanderschaft in andere Städte und Gegenden ziehen, um bei weiteren Meistern ihre Berufsfertigkeiten zu vervollkommnen.

Man unterscheidet damals zwischen dem *Schwarz- und Weißbäcker,* der alle Roggen- und halbweißen Brotsorten herstellt, und dem *Sauer- oder Süßbäcker,* der alle Sorten von Hefeteig- und Milchbrotwaren sowie Kuchen anfertigt. Neben speziellen Bäckern, wie dem *Lebküchler* in Nürnberg und dem *Fastbäcker* in den Seestädten (Hersteller von Schiffsbroten und Zwieback) taucht im 18. Jh. der *»Condierer«* (Konditor) auf, der sich mit der Herstellung von Torten, Gebäcken usw. befaßt.

Ende des 18., Anfang des 19. Jhs. verlieren die Zünfte immer mehr an Bedeutung. 1810 wird in Preußen bereits die Gewerbefreiheit eingeführt und ab 1868 verlieren die Zünfte im Norddeutschen Bund alle Vorrechte. Ein Jahr später entsteht mit der neuen Gewerbeordnung die allgemeine Gewerbefreiheit, die mit Gründung des Deutschen Reiches auch in den übrigen deutschen Staaten Geltung erlangt. Seit 1878 wird durch eine Reihe von Gesetzen und Verordnungen das neue *Innungswesen* aufgebaut, das an die Stelle der Zunft tritt. Somit sind die alten, für die Zeit rückständigen Bräuche und Vorschriften aufgehoben und ein modernes, bis heute gültiges System entsteht.

An der Spitze der Innung steht der Vorstand mit dem *Obermeister* als Vorsitzenden, der der *Innungsversammlung* rechenschaftspflichtig ist. Zusätzlich können noch verschiedene *Innungsausschüsse* bestehen, so z.B. der Lehrlingsausschuß. Die *Innungssatzungen* und Richtlinien unterliegen der Genehmigungspflicht der *Handwerkskammer.*

Die Lehrzeit eines zukünftigen Bäckers beträgt heute nach dem Hauptschulabschluß 3 Jahre und endet mit der Gesellenprüfung. In besonderen Vorbereitungskursen der Handwerkskammer kann dann der Geselle das nötige Fachwissen erwerben und die Meisterprüfung ablegen.

Durch die weitgehende Mechanisierung mit modernen Maschinen und Geräten wird dem Bäcker die schwere körperliche Arbeit zum größten Teil abgenommen, so daß sich das Berufsbild zu früher sehr gewandelt hat. In einer Bäckerei werden heute, neben der Brotherstellung, Kleingebäck, Feinbackwaren, Dauerbackwaren und Konditoreiwaren gefertigt. Mit der weiter fortschreitenden Industrialisierung entstehen immer mehr Großbäckereien und Brotfabriken, die in zunehmendem Maße auf den Verbrauchermarkt Einfluß nehmen.

Da ging das Mädchen zu dem Brunnen zurück und wußte nicht, was es anfangen sollte; und in seiner Herzensangst sprang es in den Brunnen hinein, um die Spule zu holen. Es verlor die Besinnung, und als es erwachte und wieder zu sich selber kam, war es auf einer schönen Wiese, wo die Sonne schien und vieltausend Blumen standen. Auf dieser Wiese ging es fort und kam zu einem Backofen, der war voller Brot; das Brot aber rief: »Ach, zieh mich raus, zieh mich raus, sonst verbrenn ich: ich bin schon längst ausgebacken.« Da trat es herzu und holte mit dem Brotschieber alles nacheinander heraus.

Brüder Grimm, »Frau Holle«

CLEMENS BRENTANO
DER HOCHGRÄFLICHE HAUSBÄCKER

»Mit Gunst«, sagte da der Fleischer und zog seine Mütze höflich ab, »wenn's erlaubt ist, zu fragen, wird dies Schloß, das über Nacht wie ein Pilz aus der Erde gewachsen ist, von dem ehemaligen hiesigen Fasanenminister bewohnt?« »Allerdings«, erwiderte der Schweizer, »es ist bewohnt von ihm und seiner gräflichen Gemahlin Hinkel und Hochdero Töchterlein Gackeleia, außerdem zwei Kammerdienern, zwei Kammerfrauen, vier Bedienten, vier Stubenmädchen, zwei Jägern, zwei Läufern, zwei Heiducken, zwei Kammerhusaren, zwei Kammermohren, zwei Kammerriesen, zwei Kammerzwergen, zwei Türstehern, wovon ich einer zu sein mir schmeicheln kann, zwei Leibkutschern, sechs Stallknechten, zwei Köchen, sechs Küchenjungen, zwei Gärtnern, sechs Gärtnerburschen, einem Haushofmeister, einer Haushofmeisterin, einem Kapaunenstopfer, einem Hühnerhofmeister, einem Fasanenmeister und noch aller anderem Gesinde, welche alle zusammen täglich hundert Pfund Rindfleisch, hundert Pfund Kalbfleisch, fünfzig Pfund Hammelfleisch, fünfzig Pfund Schweinefleisch, sechzig Würste und dergleichen essen.« »Ach!« schrie da der Metzger und kniete beinah vor dem Schweizer nieder, »ich rekommandiere mich bestens als hochgräflicher Hofmetzger.« Und der Bäcker zupfte den Schweizer am Ärmel mit den Worten: »Ihre hochgräflichen Gnaden und die hochgräfliche Dienerschaft werden doch das viele Fleisch nicht so ohne Brot in den Magen hineinfressen; das könnte ihnen unmöglich gesund sein.« »Ei behüte!« sagte der Schweizer, »sie brauchen täglich dreißig große Weißbrote, hundertfünfzig Semmeln, hundert Eierwecke, hundert Bubenschenkel und zweihundertsechsundneunzig Zwiebacke zum Kaffee.« »Oh, so empfehle ich mich bestens zum hochgräflichen Hausbäcker«, rief der Bäckermeister. »Wir wollen sehen«, sprach der Schweizer, »wer heute gleich das beste Fleisch und die besten Semmeln liefern wird.« Da stürzten alle die Bäcker und Fleischer nach ihren Buden und hackten und kneteten und rollten und glasierten die Eierwecke und rissen die Laden auf und stellten alles heraus, daß es eine Pracht war. Aber dies ging nun auf allen Seiten von Gelnhausen so; alle Krämer und alle Krauthändler kamen, sahen, staunten und wurden berichtet und waren voll Freude, daß sie viel Geld verdienen sollten.

MAX UND MORITZ – SECHSTER STREICH

Ratsch!! – Da kommen die zwei Knaben
Durch den Schornstein, schwarz wie Raben.

Puff!! – Sie fallen in die Kist,
Wo das Mehl darinnen ist.

Da! Nun sind sie alle beide
Rund herum so weiß wie Kreide.

Aber schon mit viel Vergnügen
Sehen sie die Brezeln liegen.

Knacks!! – Da bricht der Stuhl entzwei;

Schwapp!! – Da liegen sie im Brei.

Ganz von Kuchenteig umhüllt
Stehn sie da als Jammerbild. –

Gleich erscheint der Meister Bäcker
Und bemerkt die Zuckerlecker.

Eins, zwei, drei! – eh man's gedacht,
Sind zwei Brote draus gemacht.

In dem Ofen glüht es noch –
Ruff!! – damit ins Ofenloch!

WO DIE BACKSTUBE NOCH LEBT

Ich wuchs in einer Familie auf, die einen Mühlen- und Bäckereibetrieb führte. Staunend und fragend, leise und still verbrachte ich meine Kindheit. Zögernd und langsam ging der Schritt hinein in die Welt. Als junger Mensch erlernte ich das Handwerk des Bäckers und dasjenige des Müllers. Später fand eine Fortsetzung im sozialen Bereich statt, wiederum mit dem Brotbacken verbunden. Die Tätigkeit des Backens begleitet mich bis heute.

Wesentlich ist, mit welchen Gedanken und Zielen die Arbeit getan wird, aus welchem Impuls heraus. Für wen arbeite ich, wodurch geschieht das alles? Es gilt zu verstehen, was Arbeit ist. Hier meine ich Arbeit, in welche der Mensch sich als ein Ganzes stellen kann. Für das Handwerk des Bäckers sind die Hände wichtig. Der Mensch berührt und behandelt den Werkstoff, in dem sich eine Wandlung vollzieht: das Korn, das Mahlen, das Mehl und das Wasser, der Teig, die Wandlung vom Teig zum Brot.

In unserem Haus des Brotes versuche ich einen Weg zu gehen – einen Weg, auf dem mir als Urbild der Landwirt dient, die Arbeit mit dem Boden, mit Tieren und Pflanzen. Eine Arbeit, die eingebettet ist in Rhythmen und natürliche Vorgänge, die den Menschen lehren, damit umzugehen. Daraus haben sich auch die verschiedenen Berufe entwickelt, ausgerichtet auf das Bedürfnis, die Notwendigkeit. Heute ist es natürlich nicht mehr so. Der Landwirt, der Bäcker, der Müller verschwinden. Es entstehen wirtschaftlich ausgerichtete Großunternehmen. Nicht mehr der Mensch, die Natur sind im Mittelpunkt, sondern die Ware als ein vergängliches Objekt. Spezialisierung ist gefragt – nicht Individualität. Die Technik steht im Vordergrund. Das Willentliche, das Lebensmotiv, der Lebenssinn gehen verloren. Wenn ich im Ofen das Feuer entzünde, spüre ich meine Willenskraft, anders als wenn ich mit einem Finger auf einen Knopf drücke.

Die Nähe zum Werkstoff ist deshalb so bedeutsam, weil dadurch eine enge Verbindung entsteht zwischen Arbeitswelt und Lebenswelt. Dies wirkt sich auf das Produkt aus. Das Brot ist das Resultat meines Tuns. Die Nähe zum Werkstoff hat auch mich vieles gelehrt. Eine Lebensphilosophie ist entstanden aus der täglichen Arbeit des Brotbackens.

SAUERTEIGBROT

Sauerteig

20 g	Roggenmehl
20 ml	Wasser, warm
1	Zwiebelstück

Vorteig

160 g	Sauerteigansatz
300 g	Roggen, fein gemahlen
300 ml	Wasser, mittelwarm

Teig

100 g	Roggen, fein gemahlen
600 g	Ruchmehl (Typ 1050)
3 TL	Salz (18 g)
450 ml	Wasser, handwarm

Die Zutaten zum Sauerteig mischen und 24 Stunden gehen lassen. Diesen Vorgang dreimal wiederholen.

Vom Sauerteigansatz die benötigten 160 g abwägen und mit dem Roggenmehl und dem Wasser zum Vorteig mischen und 3–4 Stunden gehen lassen. Dann die Zutaten zum Teig beifügen, gut durchkneten und den Teig 1 Stunde ruhen lassen. Zu Brotlaiben formen und bei 200 °C 45–50 Minuten backen.

THOMAS MANN

EIN HERRENSPASS

Eines Morgens zwischen fünf und sechs Uhr befand sich Rittmeister Baron Harry in angeregter Stimmung mit einigen Kameraden auf dem Heimwege von einer nächtlichen Unterhaltung; es waren Rittmeister von Hühnemann sowie die Oberleutnants und Leutnants Le Maistre, Baron Truchseß, von Trautenau und von Lichterloh. Als die Herren die Alte Brücke passierten, begegnete ihnen ein Bäckerjunge, der, einen großen Korb mit Semmeln auf der Schulter tragend und sorglos sein Lied pfeifend, durch den frischen Morgen seines Weges zog. »Hergeben!« rief Baron Harry, ergriff den Korb beim Henkel,

schwang ihn so geschickt, daß ihm nicht eine Semmel
entfiel, dreimal im Kreise herum und schleuderte ihn
dann in einem Bogen, der von der Kraft seines Armes
zeugte, weit hinaus in die trüben Fluten. Der Bäckerjunge, anfangs schreckerstarrt, hob dann, als er seine
Semmeln schwimmen und versinken sah, unter Jammer-
rufen die Arme empor und gebärdete sich wie ein Ver-
zweifelter. Nachdem aber die Herren sich eine Weile an
seiner kindischen Angst ergötzt hatten, warf ihm Baron
Harry ein Geldstück zu, das an Wert den Inhalt des Kor-
bes um das Dreifache übertraf, worauf die Offiziere la-
chend ihren Heimweg fortsetzten. Da begriff der Knabe,
daß er es mit Edelleuten zu tun gehabt habe, und ver-
stummte …

BÖHMISCHES OSTERBROT

500 g	Mehl
120 g	Butter
120 g	Zucker
30 g	Hefe
3–4	Eigelb
	Salz
etwa ¼ l	lauwarme Milch
	geriebene Zitronenschale
	gestoßene Vanille
300 g	Rosinen
30 g	Zitronat
30 g	Orangeat

Hefeteig (Grundrezept): Hefe zerbröckeln und mit Zucker, 2 EL Milch und 2 EL Mehl zu einem dünnen Teig verrühren.

Den Teig 10 Minuten gehen lassen, dann das restliche warme Mehl, die in Milch zerquirlten Eigelb und etwas Salz untermischen und alles zu einem glatten, glänzenden Teig verarbeiten (darf nicht mehr kleben).

Den Teig nun mindestens 30 Minuten an einem warmen Ort gehen lassen, dann die Geschmackszutaten einarbeiten.

Aus dem Teig einen runden Laib formen, auf ein gefettetes Blech legen, nochmals gehen lassen. Mit einem Messer ein Kreuz einschneiden, mit zerquirltem Ei bestreichen (evtl. auch mit gehackten Mandeln bestreuen).

Bei 200 Grad etwa 50–60 Minuten backen.

Nach dem Erkalten eventuell noch mit Zucker bestreuen.

FRANZBROT
NACH THOMAS MANN (»BUDDENBROOKS«)

»Und strenge Diät, – Frau Konsulin? Wie gesagt, strenge Diät. Ein wenig Taube – ein wenig Franzbrot …« … Doktor Grabow lächelte vor sich hin … Oh er würde schon wieder essen, der junge Mann! Er würde leben wie alle Welt. Er würde, wie seine Väter, Verwandten und Bekannten, seine Tage sitzend verbringen und viermal inzwischen so ausgesucht schwere und gute Dinge verzehren … Nun, Gott befohlen! Er, Friedrich Grabow, war nicht derjenige, welcher die Lebensgewohnheiten aller dieser braven, wohlhabenden und behaglichen Kauf-

mannsfamilien umstürzen würde. Er würde kommen,
wenn er gerufen würde, und für einen oder zwei Tage
strenge Diät empfehlen, – ein wenig Taube, ein Scheib-
chen Franzbrot ...«

30 g	Butter
500 g	Mehl
20 g	Hefe
¼ l	Milch
2	Eier
1	Prise Salz
	Butter für die Form

Man rührt 30 g Butter zu Schaum, mischt unter fortge-
setztem Rühren 500 g Mehl, 20 g in ¼ l Milch aufgelöste
Hefe, 1 Ei und Prise Salz hinzu, schlägt den Teig, welcher ziemlich solid sein muß, tüchtig mit einem hölzernen Löffel, läßt ihn aufgehen, füllt ihn entweder in ge-
butterte Formen oder formt ihn mit der Hand zu runden
Semmeln und bäckt diese 15 bis 20 Minuten auf einem
Blech bei mäßiger Hitze, überstreicht sie beim Heraus-
nehmen aus dem Ofen mit geschlagenem Ei und läßt
dies flüchtig nochmals trocknen.

BUCHWEIZENBROT

500 g	Buchweizen-Vollmehl
500 g	Weizen-Vollmehl
60 g	Hefe
1 TL	Salz
1 Tasse	Milch
1 EL	Butter
1 Prise	Safran
	gehackte Petersilie

Buchweizen- mit Weizenmehl und Salz vermischen. Die Hefe in lauwarmer Milch auflösen, ein paar EL Mehl dazugeben und den Brei etwa 20 Minuten bei Zimmertemperatur aufgehen lassen.

Dann den in ½ l Wasser aufgelösten Safran, das restliche Mehl, die Petersilie und die flüssige Butter unterkneten. Den Teig neuerlich 15 Minuten gehen lassen.

Nun Brote formen, in die mit Butter gefettete Backform oder auf das gefettete Blech legen und in das vorgeheizte Rohr schieben, in welches ½ Tasse Wasser eingesprüht wurde.

20 Minuten bei 250 °C, dann 40 Minuten bei 200 °C backen.

IV. BROTGENUSS

HEINRICH G. REICHERT

VON DER BROTBITTE

PANEM NOSTRUM QUOTIDIANUM DA NOBIS HODIE

Unser täglich Brot gib uns heute

Um das Brot liegt heiliger Glanz. Drum lehrte die Mutter uns, auch die Krumen zu achten. Bei den Vorfahren segneten Mutter oder Vater den Laib, bevor sie ihn anschnitten. Kurz und bündig heißt es im Volksmund: er verdient sein Brot. Brot bestreitet Leben und bedeutet Auskommen. Auch die Römer, die ohnedies mehr Brot aßen als wir, drückten sich genauso aus wie wir: *Die Sache hat ihr Brot* HABET HAEC RES PANEM (Petronius 46).

Brot zu backen, lernten die Römer verhältnismäßig spät. Ursprünglich aßen sie an seiner Statt Polenta. Plinius (nat. hist. 18, 72) hat beschrieben, wie sie dies einfache Gerstengericht bereiteten. Auch ein dicker Brei aus Bohnenmehl vertrat das spätere Brot. Das war die gesunde Zeit Roms, als man noch bäuerlich aß, als die Küchen nach Rüben und Bohnen rochen. Auch die Zwiebel genoß man als Speise oder verwendete sie reichlich als Würze und Zutat.

Die Griechen bereiteten schon frühzeitig Brot. Man brachte es in Körben auf den Tisch. Homer bereits erwähnt es. Als es auch in Italien bekannt wurde, machte es sich rasch heimisch. Lange Zeit buken es die Hausfrauen selber. Noch zur Zeit des großen Scipio, als die

Römer die Küsten und den Reichtum Afrikas und Klein-
asiens erobert hatten, gab es in der urbs keine Bäcker.

Als sättigende, unentbehrliche Kost nahm Brot rasch
unter den Nahrungsmitteln den ersten Platz ein. Wer
Brot sagte, meinte stellvertretend menschliche Nahrung
überhaupt. Der Heeresproviant wurde kurzerhand als
frumentum, Getreide, benannt. Auch den Römern
machte *Salz und Brot* die Wangen rot SALEM CUM PANE.
Plinius (nat. hist. 31, 89) überliefert uns, daß bereits
Varro dies sprichwörtlich gesagt habe. Gegen Ende der
Republik bereicherte sich mit dem wachsenden Volks-
vermögen auch der Küchenzettel des römischen Hauses.
Die Lebenshaltung stieg; bei den Reichen wuchs sie
sich bis zum Luxus aus. Viele trieben mit Tafelfreuden
einen sündhaft-unsinnigen Aufwand, überboten sich an
Kosten, Raffinement und kehrten den Sinn des Essens in
seinen Widersinn. Bitter und höhnisch klagt Seneca:
VOMUNT UT EDANT, EDUNT UT VOMANT (ad Helviam)
*Sie übergeben sich, um zu essen, und sie essen, um sich
zu übergeben.*

Aber auch bei solchen Gastereien meldete sich die
bessere Besinnung auf das nüchtern-heilige Brot an. Mit-
ten in der Schilderung einer Schlemmerei richtet Horaz
die alte Brotehre wieder auf (sat. 2, 2, 13). »Laß sehen,
ob du nun trotz Hunger und Durst schlichte Hausmanns-
kost verschmähst; jetzt trinkst du sicher nur Falerner, den
hymettischer Honig würzt. Nimm an, dein Koch ist ausgegangen, das Meer ist stürmisch und läßt keinen Fisch-
fang zu: *da wird dir Brot und Salz des Magens Knur-
ren doch ganz gut stillen* CUM SALE PANIS LATRANTEM
STOMACHUM BENE LENIET. Und fragst du nach des Rät-
sels Lösung? Nicht in dem teuren Bratenduft liegt höch-

ste Lust, nein, in dir selbst. Du mußt des Mahles Würze dir durch saure Arbeit schaffen. Den bleichen, krankhaft aufgedunsenen Schlemmer werden Austern nicht erfreuen noch teurer Seefisch noch ein Birkhuhn, das aus fernen Landen kam.« Die Ehre des Brotes drängt sich vor. Petronius verspottete in seinem »Gastmahl des Trimalchio« den kleinen Gesichtskreis ungebildeter Spießbürger und die Großmannssucht protziger Neureicher. Aber auch in dieser Luft knalligen Genusses und widerwärtiger Tafelfreuden verteidigt das Brot seine Sonderstellung. Alte lateinische Sprichwörter recken die moralischen Zeigefinger zwischen raffinierten Vorspeisen, ganz am Spieße gebratenen Ebern, seltenen Fischen und den vielen Schüsseln der drei oder fünf Gänge. *Schweig still, ich gebe dir ein Stück Brot, du hättest kein Stück Brot von ihm nehmen sollen* TACE LINGUA, DABO PANEM, NOLUISSES DE MANU ILLIUS PANEM ACCIPERE (Petronius 69 und 37).

Selbst die erlesensten Gastereien kamen ohne Brot nicht aus. Gabel und Messer handhabte man noch nicht, man tunkte die Hand in die Schüssel wie der Verräter beim letzten Abendmahle (Mark. 14, 20). Mit Brot rieb man die fetttriefenden Finger ab, wie noch jetzt in der römischen Liturgie der Bischof die Finger von den geweihten Ölen säubert. Viele Brosamen fielen da beim Mahl von des Herren Tisch, und die Hunde und die Armen kamen, sie aufzulesen (Matth. 15, 21). [...]

Die Brotsorge erfüllte die römische Politik und den Alltag. Die annona, der Getreidebedarf fürs Jahr, die Brotzuteilung an die Bedürftigen, mußte vor allem sichergestellt werden; denn Italien konnte sich nicht selbst ernähren. Aus Sizilien und aus Afrika kam das zusätzliche Korn.

Aber es mußte rechtzeitig anlangen und die großen Speicher in Puteoli und Ostia füllen. Im Herbste lag die Schiff-
fahrt still, die Schiffe waren wie von der Tenne weggefegt,
weil die Römer noch keinen Kompaß besaßen, überhaupt
im Laufe der Zeit im Schiffbau keine Fortschritte zu machen verstanden, weil der Nebel die Fahrt an den Küsten
entlang verhinderte und die Herbststürme Verderben
drohten. In das Wort »Brot« drängte sich schließlich alles
zusammen, was das Volk an Lebenswichtigem verlangte.
In den alten, bäuerlichen Zeiten war es sein Ehrgeiz, die
höchsten politischen Ämter zu vergeben. Zur Kaiserzeit
kreiste sein Begehren um *Brot und Schauspiele* PANEM
ET CIRCENSES (Juvenal 10, 81).

Und da der Wein fast in die Häuser wuchs und das
Land davon überfloß, so gesellte sich zum Brot auch
bald der Saft der Reben, um den Kreis menschlicher
Nahrung abzuschreiten: PANIS ET VINUM. Hierin waren
Leben und Gesundheit, Genuß und Auskommen be-
schlossen.

MASSIMO MONTANARI

DIE GEWÖHNUNG AN DAS BROT

Mit Beginn des 11. Jahrhunderts erhält das Brot eine
zentrale Bedeutung für die Ernährung der breiten Volks-
schichten. Alles andere wird jetzt als zusätzlicher Nah-
rungsbestandteil betrachtet, als einfache Beilage, die das
Brot »begleitet«; die Verbreitung des Begriffs *compana-
tico* (Zuspeise zum Brot) in den Sprachen des romanischen Einflußgebietes, das damals von der Brotkultur

am stärksten geprägt war, ist dafür der beste Beweis. Die Perspektive hat sich radikal geändert, ja umgekehrt, seit im 7. Jahrhundert Isidor von Sevilla geschrieben hatte, daß das Brot seinen Namen dem Umstand verdanke, daß »man es zu der anderen Nahrung hinzufügt«: *panis dictus, quod cum omni cibo adponatur*. Das, was nun hinzugefügt wird, ist nicht länger das Brot, sondern die übrige Nahrung.

Die Erwähnung des Brotes durchzieht die Dokumente in fast obsessiver Weise. In den die Landwirtschaft betreffenden Verträgen werden die urbar gemachten Flächen als »Brotland« bezeichnet. Der Ertrag der Felder wird durch eine Antonomasie zur »Broternte«. Ein Teil »des Brotes« wird als Mietzins oder als Zehnter verlangt. In erster Linie ist Brot, entweder aus Korn oder aus Mehl hergestellt, die Hauptnahrungsquelle der Bauernfamilien, was bisweilen in den Besitzverzeichnissen festgehalten wird. Unter den Haushaltsgegenständen kommt dem Backtrog eine besondere Bedeutung zu, weil darin der Teig geknetet und das Brot aufbewahrt wird. Die Familiengemeinschaft, die unter dem gleichen Dach ißt und schläft, wird als Gesamtheit derer bezeichnet, die von demselben Brot leben: »zu einem Brot« (und von demselben Wein). Und wenn das Brot einmal fehlt, ist Hungerszeit. Andere Produkte können eventuell das Überleben sichern, aber *dieser* Mangel ist ein Indiz für eine Krisensituation und wird immer stärker als unerträglich empfunden. Die Gewöhnung an das Brot zwingt dazu, es um jeden Preis zu produzieren – in Zeiten von Erzeugungskrisen unter Verwendung aller möglichen Zutaten.

JOHANN WOLFGANG GOETHE

DAS VESPERBROT

Ich war ausgestiegen, und eine Magd, die ans Tor kam,
bat uns einen Augenblick zu verziehen, Mamsell Lott-
chen würde gleich kommen. Ich ging durch den Hof
nach dem wohlgebauten Hause, und da ich die vorlie-
genden Treppen hinaufgestiegen war und in die Tür trat,
fiel mir das reizendste Schauspiel in die Augen, das ich
je gesehen habe. In dem Vorsaale wimmelten sechs
Kinder von eilf zu zwei Jahren um ein Mädchen von
schöner Gestalt, mittlerer Größe, die ein simples weißes
Kleid, mit blaßroten Schleifen an Arm und Brust, an-
hatte. Sie hielt ein schwarzes Brot und schnitt ihren Kleinen rings herum jedem sein Stück nach Proportion ihres

Alters und Appetits ab, gab's jedem mit solcher Freund-
lichkeit, und jedes rief so ungekünstelt sein: Danke!
indem es mit den kleinen Händchen lange in die Höhe
gereicht hatte, ehe es noch abgeschnitten war, und nun
mit seinem Abendbrote vergnügt, entweder wegsprang,
oder nach seinem stillern Charakter gelassen davonging
nach dem Hoftore zu, um die Fremden und die Kutsche
zu sehen, darin ihre Lotte wegfahren sollte. – Ich bitte
um Vergebung, sagte sie, daß ich Sie herein bemühe und
die Frauenzimmer warten lasse. Über dem Anziehen und
allerlei Bestellungen fürs Haus in meiner Abwesenheit
habe ich vergessen, meinen Kindern ihr Vesperbrot zu
geben, und sie wollen von niemanden Brot geschnitten
haben als von mir. – Ich machte ihr ein unbedeutendes
Kompliment, meine ganze Seele ruhte auf der Gestalt,
dem Tone, dem Betragen, und ich hatte eben Zeit, mich
von der Überraschung zu erholen, als sie in die Stube
lief, ihre Handschuhe und den Fächer zu holen.

GÜNTER WIEGELMANN

GESCHICHTE DES BUTTERBROTES

Durch die Beigabe von Gewürzen bekamen die Brote
einen charakteristischen Geschmack. Deshalb bestand
seitdem in Süddeutschland und Österreich kein besonderer Anreiz, das Brot durch einen Aufstrich zu ergän-
zen, denn früher sah man Gewürze und Butter zum Teil
als austauschbare Zugaben zu den Speisen an. [...]
    Diese alte Auffassung vom Verhältnis Butter – Gewürze
ist vielleicht eine zusätzliche Erklärung für die Tat-

sache, daß im südlichen Mitteleuropa das Brot jahr-
hundertelang ohne Butteraufstrich blieb, daß dort Im-
bisse und Zwischenmahlzeiten weiterhin aus Wein und
Brot (und Käse) bzw. aus Milch und Brot bestanden,
während das Butterbrotessen nicht recht heimisch werden konnte. Allerdings drang diese norddeutsche Brot-
speise seit der Mitte des 18. Jahrhunderts wahrschein-
lich mit dem damals neumodischen Kaffee nach Süden
vor.

WILFRIED SEIBEL UND GOTTFRIED SPICHER

FLADEN

Der Fladen ist eine »Breikonserve«, deren Herstellungs-
weise man mit einem Trocknungs- oder Röstvorgang
gleichsetzen kann. Der Fladen enthält kein Triebmittel,
ist also nahezu ungelockert. Die ersten Fladen wurden
hergestellt, indem man Getreidebrei in heißer Asche
oder auf einem heißen Stein trocknete. Fladen haben
sich bis heute in verschiedenen Teilen der Welt erhalten,
zum Beispiel Chapatis in Indien, Tortillas in Mittel- und
Südamerika. Chapatis werden traditionell aus Vollwei-
zenmehl und Wasser hergestellt. Nach dem Kneten ruht
der Teig etwa zehn Minuten. Sodann wird er auf 2 mm
Dicke ausgerollt und eine Minute lang gebacken, und
zwar auf beiden Seiten auf einer etwa 230°C erhitzten
Eisenplatte. Dann läßt man die Chapatis in einem Baum-
wolltuch innerhalb von zwei Stunden auf 20°C abkühlen. Ihr Feuchtigkeitsgehalt liegt bei etwa 38%–40%.
  Fladenbrote haben sich bis in die heutige Zeit erhal-

ten. Typische Beispiele hierfür sind das aus Skandinavien stammende und überall verbreitete Knäckebrot in den verschiedensten Formen und das Baladybrot in Ägypten.

CHAPATI (FLADENBROT)

500 g Weizen-Vollmehl
1 TL Salz
       lauwarmes Wasser

Die Zutaten etwa 10 Minuten fest verkneten, bis der Teig nicht mehr klebt. Eigroße Stücke formen und zu Fladen ausrollen.

Auf einem heißen Blech oder in einer heißen, trockenen Pfanne braten. Alle 30–40 Sekunden wenden, etwa 4–5mal, zum Abschluß jeden Fladen, wenn möglich, kurz über die Flamme halten.

ALBERT CAMUS

GASTFREUNDSCHAFT

»Hast du Hunger?«

»Ja«, sagte der Gefangene.

Daru legte zwei Gedecke auf. Er nahm Mehl und Öl, knetete in einer Schüssel einen Fladenteig und zündete den kleinen Butangas-Backofen an. Während der Fladen buk, ging er hinaus, um im Schuppen Käse, Eier, Datteln und Kondensmilch zu holen. Als der Fladen fertig war, stellte er ihn zum Abkühlen auf den Fenstersims, machte mit Wasser verdünnte Kondensmilch warm und schlug schließlich die Eier zu einem Pfannkuchen. Im Verlauf seiner Hantierungen stieß er an den in der rechten Hosentasche steckenden Revolver. Er stellte die Schüssel auf den Tisch, ging ins Klassenzimmer hinüber und legte den Revolver in seine Schreibtischschublade. Als er wieder ins Zimmer trat, war die Dämmerung hereingebrochen. Er zündete Licht an und bediente den Araber. »Iß«, sagte er. Der andere nahm ein Stück Fladen, führte es gierig zum Munde und hielt inne.

»Und du?« fragte er.

»Du zuerst. Ich esse dann auch.«

Die dicken Lippen öffneten sich ein wenig, der Araber zögerte, dann biß er entschlossen in sein Stück Fladen.

Als sie gegessen hatten, schaute der Araber den Lehrer fragend an.

»Bist du der Richter?«

»Nein. Ich behalte dich bis morgen hier.«

»Warum ißt du mit mir?«

»Ich habe Hunger.«

INGEBORG BACHMANN

FINGER MIT EINER PRISE ESSEN

Ich gehe ins Freie, die Mücken sind jetzt eine natürliche Zutat der Luft, man atmet sie eben mit ein, schluckt, spuckt nicht mehr, hustet nicht mehr. Es gibt aber nichts zu essen. Die fantastischen Vorstellungen von Früchten

und Datteln vor allem, wegen der Dattelbäume, zerris-
sen ins Nichts, es gibt kein Brot, kein Fleisch, keinen
Fisch, was wird es geben? Der alte Araber, der fünf Worte
englisch kann, bedeutet mir, mitzugehen. Hunger, das
hat er verstanden. Er geht voraus, watet sicher, ich wate
hinter ihm, an den weißen niedrigen Hauswänden
vorbei, in der unabgekühlten Nacht, die Wüste wird
dringender, es sind nur noch wenige Häuser, es muß
bald das letzte sein, er klopft, es öffnet jemand, nicht zu
erkennen eine Gestalt mit einer Stallampe, ich habe
keine Furcht, ein Lichtschein zeigt einen Augenblick
eine junge Frau, etwas Schönes, Stummes, das gibt die
Lampe, nimmt die Lampe, man ist in einem dunklen
Zimmer mit fünf englischen Worten, die bald ausgespro-
chen sind. Es ist still, im Dunkeln kommt etwas Dunkles
hinzu, zwei Dunkelheiten. Es wird geschwiegen, ohne
Aufenthalt und Furcht, dann kommt die Stallampe wieder, ich werde in den Hof geführt, zwei junge Neger sind
dazugekommen, im Hof ist etwas Mondlicht, ein win-
ziger Tisch, daneben viele Eisenbetten, in denen paar-
weis die Kinder schlafen, still, keine Atemzüge. Die Frau
hat die Laterne wieder weggenommen, kommt wieder,
mit dem schaukelnden friedlichen Licht, es ist nicht zu
verstehen, was vorgeht, braucht nicht verstanden zu
werden. Die Welt ist Geste, Gang, Licht, Dunkel, Warten,
redelos, die junge Frau stellt einen Teller mit Bohnen
und einen kleineren mit einer Soße auf den Tisch, auf
dem so wenig gerade Platz hat. Gibt Brot dazu, also
doch Brot. Woher Brot in einer schon brotlosen Stadt.
Der Araber, der das Zögern sieht, drückt mir ein winzi-
ges Stück Brot in die Hand, zeigt, wie man die Bohnen
mit dem Brot erwischt, es ist leicht, es geht sofort, vier

schwarze Hände und eine weiße Hand sind abwechselnd im Teller, dann plötzlich alle Hände gleichzeitig,
sie stehen einen Augenblick alle darin still, damit keine
dem anderen in den Weg kommt, höfliche Hände alle,
man müßte das Bild versteinen lassen in diesem Augenblick, in dem etwas vollkommen ist, die Hände im Essen, die Finger mit der Prise Essen, es ist der bewußte-
ste Augenblick, der natürlichste, das erste und einzige
Essen hat stattgefunden, findet statt, es ist das erste und
einzige gute Essen, wird vielleicht die einzige Mahlzeit
in einem Leben bleiben, die keine Barbarei, keine
Gleichgültigkeit, keine Gier, keine Gedankenlosigkeit,
keine Rechnung, aber auch keine, gestört hat. Wir haben
aus einem Teller gegessen. Wir haben geteilt und nicht
gebetet, nichts zurückgeschickt, keine Bohne stehenge-
lassen, nichts weggenommen, nicht vorgegriffen, nicht
nachgenommen.

JOSEF WINKLER

BAUERNBROT UND BÄCKERBROT

Das Brot war das heiligste Lebensmittel. Ich sah es am
Zorn des Vaters, wenn mir einmal ein Stück Brot vom
Tisch fiel oder wenn mir überhaupt der ganze, mit drei
Kreuzen versehene Brotlaib auf den Boden fiel, dann
blieb ich wie gelähmt am Tisch neben dem Vater sitzen
und begann zu weinen und hatte nicht mehr die Kraft,
mich bei ihm zu entschuldigen. Ich werde nicht mehr so
unvorsichtig mit dem Brot umgehen, hab keine Angst,
Vater, ich weiß, daß es heilig ist. Ich mache ein Kreuz-

Jan Vermeer: Die Küchenmagd

zeichen, damit der Vater mich nicht mehr so böse an-
blickt oder mich gar schlägt, weil mir das Brot hinunter-
gefallen ist, denn wenn ich ein Kreuzzeichen schlage, so
wagt es der Vater nicht, mich zu schlagen, denn dann
schlägt er einen bekreuzigten Kindeskörper, und dann

wird Jesus seinen Hals im Herrgottswinkel so weit ver-
renken, daß er mit dem Mund einen Nagel aus der Hand
ziehen und mit der befreiten Hand den anderen Nagel
herausziehen kann. Er muß nur aufpassen, daß er nicht
kopfüber vom Kreuz fällt, da seine Füße noch ange-
nagelt sind, aber nein, anstatt, daß er mit der befreiten
linken Hand den Nagel aus der rechten Hand zieht, zieht
er zuerst den Fußnagel heraus und steht schließlich auf
Zehenspitzen in der Nische des Herrgottswinkels und
bemüht sich um den zweiten Nagel und Jesus, der sooft
am Bauernhof zu mir gehalten hat, wirft dem Vater das
Kreuz auf den Rücken, und seither tut meinem Vater das
Kreuz weh. Tausende böse Blicke hat er mir geschenkt,
kein Wunder, daß sich mein eigener Blick auf das Böse
dieser Welt richtet, kein Wunder, daß ich selber einen
bösen Blick bekommen habe, kein Wunder, daß ich zuerst das Böse und erst viel später das Gute sehe. Manchmal habe ich beim einen oder anderen Hof im Dorf Arbeiten verrichtet, beim Heuen oder beim Stallputzen ge-
holfen, nur um eine Jause zu bekommen, einen anderen
Speck, ein anderes Brot, eine andere Wurst und einen
anderen Käse, tagelang hätte ich für eine einzige Jause
gearbeitet, nur um wieder einmal nach Wochen oder
Monaten ein anderes Brot essen zu dürfen. Gerne habe
ich dann und wann bei der Gote ein Stück Bäckerbrot
genommen, es war für mich wie eine Delikatesse, denn
ich habe das eigene Bauernbrot gehaßt, immer gehaßt
und hasse es noch heute. Ich habe mich gewundert,
warum die Sommerfrischler dieses Bauernbrot so ver-
ehrt haben, während ich es zwei Jahrzehnte lang gehaßt
habe. Vielleicht habe ich dieses Brot deswegen gehaßt,
weil ich wußte, solange Brot im Hause ist, kann ich nicht

verhungern, aber trotzdem bin ich manchmal in Hungerstreik getreten, habe mich zu Essenszeiten einfach nicht blicken lassen, war in der Kirche, im Wald oder am Fluß, aus Protest gegen den Hof und gegen das Bauernbrot, aber wenn ich spürte, daß der Hunger wie Feuer aus meinem Rachen loderte, wenn ich gebückt, die Hand auf dem Bauch, nach Hause gekommen bin, dann habe ich das Brot doch wieder gegessen. Einmal habe ich tagelang nichts als Hostien gegessen, sie einfach in der Sakristei aus den braunen Schachteln gestohlen, nachdem ich den Ministrantenmantel um meine Schultern geschlagen oder die Totenglocke gezogen hatte. Niemals habe ich zur Mutter gesagt, daß ich dieses Bauernbrot hasse, ich habe das Stück Brot in die Hände genommen und andächtig betrachtet, als käme es von ihrem eigenen Leib. Ich habe mich aber auch vor dem Bauernbrot gefürchtet, denn ich wußte, daß es heilig ist, und vor allem, was heilig ist, habe ich mich gefürchtet, es hat mir Schrecken und Angst eingejagt, hat mich aber auch beruhigt, besonders dann, wenn ich den Schrecken und die Angst haben wollte, wenn ich danach wieder Sehnsucht hatte, denn auch heute kann ich ohne Schrecken und Angst nicht leben.

FRANZ KAFKA

AUF DEM TISCH LAG EIN GROSSER LAIB BROT

Auf dem Tisch lag ein großer Laib Brot. Der Vater kam mit einem Messer und wollte ihn in zwei Hälften schneiden. Aber trotzdem das Messer stark und scharf, das Brot

Georg Flegel: Stilleben mit Hirschkäfer

nicht zu weich und nicht zu hart war, konnte sich das
Messer nicht einschneiden. Wir Kinder blickten verwun-
dert zum Vater auf. Er sagte: »Warum wundert ihr euch?
Ist es nicht merkwürdiger, daß etwas gelingt, als daß es
nicht gelingt? Geht schlafen, ich werde es doch vielleicht
noch erreichen.«

Wir legten uns schlafen, aber hie und da, zu verschiedensten Nachtstunden, erhob sich dieser oder jener von
uns im Bett und streckte den Hals, um nach dem Vater
zu sehn, der noch immer, der große Mann in seinem langen Rock, das rechte Bein im Ausfall, das Messer in das
Brot zu treiben suchte. Als wir früh aufwachten, legte
der Vater das Messer eben nieder und sagte: »Seht, es ist
mir noch nicht gelungen, so schwer ist das.« Wir wollten
uns auszeichnen und selbst es versuchen, er erlaubte es

uns auch, aber wir konnten das Messer, dessen Schaft übrigens vom Griff des Vaters fast glühte, kaum heben, es bäumte sich förmlich in unserer Hand. Der Vater lachte und sagte: »Laßt es liegen, jetzt gehe ich in die Stadt, abend werde ich es wieder zu zerschneiden versuchen. Von einem Brot werde ich mich nicht zum Narren halten lassen. Zerschneiden muß es sich schließlich lassen, nur wehren darf es sich, mag es sich also wehren.« Aber als er das sagte, zog sich das Brot zusammen, so wie sich der Mund eines zu allem entschlossenen Menschen zusammenzieht und nun war es ein ganz kleines Brot.

CHARLES PANATI

SANDWICH

1760, England. Das Sandwich sowie die Sandwich-Inseln (die heutigen Hawaii-Inseln) wurden nach einem berüchtigten Spieler aus dem 18. Jahrhundert benannt, John Montagu, 4. Earl of Sandwich und während des amerikanischen Unabhängigkeitskrieges Erster Seelord der britischen Marine.

Montagus Amtszeit war gekennzeichnet durch Bereicherung im Amt, passive Bestechung und Mißwirtschaft, und auch seine persönliche Lebensführung war alles andere als vorbildlich. Obwohl verheiratet, unterhielt er eine Geliebte, Margaret Reay, mit der er vier Kinder hatte. Aufgrund seines hohen militärischen Ranges benannte der englische Forscher Kapitän James Cook das hawaiische Archipel zu Ehren des Earls.

Als besessener Spieler wollte Montagu den Spieltisch nicht einmal zum Essen verlassen. Im Jahr 1762, als er 44 Jahre alt und der Außenminister seines Landes war, verbrachte er 24 Stunden ohne Unterbrechung beim Spiel und ließ sich zwischendurch zusammengelegte Brotscheiben mit aufgeschnittenem Fleisch und Käse bringen. Dieser Imbiß, der es ihm ermöglichte, mit der einen Hand zu essen und mit der anderen weiterzuspielen, war eine Zeitlang sein Markenzeichen und führte schließlich zu der Bezeichnung »Sandwich« für diese Zwischenmahlzeit.

KARL VALENTIN

KLAGELIED EINER WIRTSHAUSSEMMEL

Nicht jede Semmel hat so ein schweres Dasein als gerade wir Wirtshaussemmeln. Eine Privatsemmel z.B. wird beim Bäcker gekauft, heimgetragen und meistens gleich gegessen. Aber wir Wirtshaussemmeln und meine Kolleginnen, die Römischen Weckerln, die Loabeln und die heruntergeschnittenen Hausbrote, wir haben meistens ein ekliges Dasein, bis wir von den Menschen verspeist werden.

Es hat sich ja einmal der Magistrat um uns gekümmert und hat in jeder Wirtschaft kleine Tafeln anbringen lassen mit der Inschrift: »Das Betasten der Nahrungsmittel zum Zwecke ihrer Prüfung ist verboten.« Aber darum kümmert sich heute keine Sau mehr, viel weniger ein Mensch. Nicht genug, daß wir gleich nach unserer Erschaffung aus Mehl und Wasser sofort ins Krematorium kommen, werden wir, wenn wir fertiggebacken sind, von rohen Bäckerlehrbuben in die Lieferkörbe geworfen, diese Körbe werden wiederum unsanft ins Lieferauto geschwungen, und im 60-km-Tempo rasen wir armen Semmeln dem Restaurant oder Gasthof zu, in welchem wir heute noch verspeist werden sollen.

Nicht jeder Semmel blüht dieses kurze Dasein wie einer sogenannten Eintagsfliege. Manchen Semmeln geht es wie den alten Jungfrauen. Sie bleiben über, wenn auch nicht so lange.

Nach Wochen und Monaten kommen wir in eine vielschneidige Guillotine (Knödelbrotschneidemaschine genannt), werden zu Scheiben geschnitten und bilden den Bestand der berühmten bayerischen Semmelknödel.

Aber wie traurig und dreckig geht es uns armen Wirtshaussemmeln! Wir werden von den Kassierinnen (früher Kellnerin) in aller Frühe ins Brotkörbchen gelegt und auf den Tisch gestellt. So – und nun sind wir der sogenannten Hygiene unterworfen.

Zum Frühschoppen kommt schon um 10 Uhr direkt vom Bahnhof die Familie Bliemchen aus Sachsen. Sie setzen sich alle an den Tisch, und Frau Bliemchen entnimmt gleich dem Brotkörbchen ausgerechnet »mich«, drückt mir den Brustkorb ein und sagt zu ihrem Mann: »Gustav, guck mal, fühl mal das Brötchen an, wie weich das ist. Hier in Bayern ist das Brot nicht so knusprig gebacken wie bei uns in Leipzig.«

Herr Bliemchen hatte keine Zeit, mich gleich zu drücken, er hatte sich mit seinem Taschentuch eben die Nase geputzt, und erst, nachdem er dieses eingesteckt hatte, nahm er mich in die Hand, drückte mich zusammen, daß ich beinahe aussah wie ein Pfannkuchen, legte mich wieder in das Körbchen und sagte: »Du hast recht, liebes Paulinchen, die Brötchen sind hier scheinbar alle so weich« – indem er sich auch davon überzeugte und eine Semmel nach der andern zerdrückte. Mit gebrochenem Brustkorb lagen wir Semmeln im Körbchen.

Herr und Frau aßen ihre Weißwürste, welche ihnen scheints auch nicht besonders schmeckten, aber die mußten sie ja schließlich essen, weil sie dieselben bestellt hatten. Wir Semmeln stehen aber unbestellt am Tisch, mit uns kann ja jeder tun und lassen, was er will.

Nach der Familie Bliemchen nahm ein alter Herr, der zwar sehr gut gekleidet war, aber trotzdem einen riesigen Schnupfen hatte, an dem Tische Platz. O weh, dachte ich Semmel, der wird mich und meine Kolleginnen wohl anniesen – gesagt – getan – einige Dutzend Male ging ein kräftiges Hah-zieh über uns Semmeln nieder, begleitet von einem heftigen Bakteriensprühregen.

Wir ertrugen gerne diese Schmach des Angespucktwerdens, uns war es nur um die armen Menschen leid, die nach dieser Sauerei vom Schicksal an diesen Tisch geführt werden.

Der alte Herr aß, trank, zahlte, nieste und ging.

Eine Mutter mit vier Kindern waren die nächsten. Wir Semmeln zitterten, als wir die vier Kinder an den Tisch kommen sahen.

»Mutter, Mutter – darf i mir a Semmel nehmen!« schrie es durcheinander, und wie Sioux-Indiander überfielen die Buben das Brotkörberl, welches dem Ansturm nicht standhielt und über den Tisch hinunterkollerte, und natürlich wir Semmeln auch. Die Mutter schalt leise:

»Glei klaubt's die Semmeln auf und tut s' wieder ins Körberl neilegn schö, daß niemand siecht, de Semmeln genga euch gar nichts an, mir bstelln uns Brezen.«

Zerdrückt, beschmutzt lagen wir vier Semmeln wieder ungegessen im Körbchen. Was wird aus uns noch werden! dachten wir.

Da kamen die vielen Mittagsgäste, schauten uns verächtlich an und bestellten sich anderes Brot, aber direkt vom Büfett.

Wir Semmeln sahen selber ein, daß wir zu unappetitlich aussahen, um verspeist zu werden. Keiner von den vielen Mittagsgästen wollte von uns was wissen – wir blieben auf dem Tisch stehen, obwohl wir fast von allen Gästen berührt, zerdrückt und angehustet wurden.

Bis der Abend kam, bis die Nacht kam – und schon gleich die Polizeistunde, da kam noch schnell ein Liebespaar geschlichen, setzte sich an den Tisch und trank mitsammen ein Glas Bier.

Sie hatten auch noch Hunger – aber nicht viel Geld. Wie wär's mit den vier Semmeln? Indem sich beide verliebt in die Augen sahen, aßen sie dazu – uns vier Semmeln. Die beiden hatten gar nicht bemerkt, wie wir aussahen, denn Liebe macht blind …!

ERICH RAUCH

DIE KUR-SEMMEL

Die Beschaffenheit der Semmel (Brötchen aus feinem Weißmehl) ist für den Kurerfolg ausschlaggebend. Nur mit der richtigen Kursemmel kann Leistungssteigerung der Speicheldrüsen, starker Speichelfluß und Kauschulung erzielt werden.

Die Semmeln werden am besten täglich frisch gekauft und in einem trockenen Zimmer auf einem Kasten, zum Beispiel auf Pergamentpapier oder Tuch, in Reih und Glied gelagert und dadurch luftgetrocknet. Je nach Witterung erreichen sie nach zwei bis vier Tagen die rechte Beschaffenheit: Die richtige Kursemmel ist schnittfest, derb elastisch, das heißt gerade noch etwas eindrückbar; sie ist spürbar härter als die übliche Schneidesemmel, soll aber nicht schon die splittrige Härte der »steinharten« Reibsemmel erlangt haben.

So ist es unbedingt nötig, gewissenhaft und verläßlich für ausreichenden Semmelvorrat und genügende Auswahl zu sorgen, vor jeder Mahlzeit den Zustand der Semmeln zu überprüfen, so daß nur die richtig altbackenen Kur-Semmeln eingenommen werden.

Soll der Trocknungsprozeß beschleunigt werden, da die vorrätigen Semmeln noch zu feucht oder weich sind, müssen diese sogleich in kleine Würfelchen zerschnitten, ausgebreitet und luftgetrocknet werden.

Zu frische, weiche Semmeln haben nicht den Quellwert der Kursemmel; sie können nicht genügend gekaut und eingespeichelt werden. Sie werden schlecht verwertet, was zu vorzeitigem Hunger, Auftreibung des Leibes und ungenügender Schonung führt. Dies stellt den Kurerfolg in Frage. A c h t u n g : In der dunstigen Küche oder in Behältern (Brotdose, Nylonsäckchen, Lade) gelagerte Semmeln bleiben zu feucht!

Zu harte, staubtrockene Semmeln (Reibsemmel, auch Zwieback und Toastbrötchen) sind ebenfalls ungünstig. Sie besitzen nicht den Quellwert der Kursemmel, regen den Speichelfluß nicht so an, sind aber relativ günstiger als zu weiche Semmeln. Sie können auch schadhafte Zähne gefährden. A c h t u n g : Blähungen während der Kur weisen sehr oft auf falsche Semmeln oder falsches Essen hin!

Viele Reformköstler glauben, die Milchdiät nach *Mayr* ablehnen zu müssen, da die Semmel als Weißmehlprodukt biologisch wertlos sei. Aber während der Kur soll die Semmel gar nicht biologische Werte zuführen, sondern nur als K a u - u n d E i n s p e i c h e l u n g s t r a i n e r dienen! Einen besseren »Trainer« gibt es nicht! Nur mit Hilfe der Kursemmel können die bei den allermeisten Personen (auch bei den Lebensreformern!) funktionell meist deutlich verkümmerten Speicheldrüsen wieder geschult und zu voller Leistung gebracht werden. Dies ist für die Gesundung des gesamten Verdauungsapparates unvergleichlich wichtiger als eine momentane Vitalstoffzufuhr. Außerdem ist die Kursemmel reine Schonkost. Sie unterstützt das Schonprinzip, während die als Semmelersatz immer wieder vorgeschlagenen Vollkornbrötchen viel zu ballaststoffreich sind und während der Kur die Darmgesundung erschweren. Sie sind als Kautrainer ungeeignet. Die Anwendung der Kursemmel bedeutet aber nicht, daß man n a c h der Kur Weißmehlprodukte verwenden soll! Im Gegenteil! In der anschließenden Dauerkost ist verständlicherweise grundsätzlich biologisch hochwertigen Lebensmitteln, soweit sie richtig verdaut werden können, der Vorzug zu geben.

PANZANELLA UND BRUSCHETTA

In der Ernährung nimmt das Brot die Stelle der Teigwaren ein: das ungesalzene Landbrot, das so gut schmeckt, daß die Toskaner es ohne weitere Beilage zu einem Glas Wein verzehren; sie bestreuen es dabei gern mit ein wenig Salz. Die Hausfrauen verwenden auch in der Küche viel Brot, und eine der feinsten Brotspeisen haben wir in einer Rosticceria in Volterra gegessen, wo Lorenzo ein gebratenes Hühnchen bestellte und der Wirt uns riet, etwas *Panzanella* als Vorspeise zu versuchen. Er brachte eine braune Tonschale mit einem kühlen weißen Mus, das mit Tomaten- und Gurkenstückchen und gehackten Basilikumblättern vermischt war.

Panzanella
Brotsalat

> *6 Scheiben gutes Bauernbrot*
> *2 Tomaten*
> *1 große Zwiebel*
> *1/2 Gurke*
> *Basilikumblätter*
> *2 EL Essig*
> *4 EL Olivenöl*
> *Salz und Pfeffer*

Man schneidet vom Brot die Rinde weg und legt es in kaltes Wasser ein, bis es so weich ist, daß man es mit einer Gabel zerdrücken kann. Dann hackt man die Zwiebel fein, schneidet die Tomaten und die Gurke in kleine Stücke und vermischt alles mit dem Brot. Nun macht man aus Essig, Öl, Salz und Pfeffer und den gehackten Basilikumblättern eine Salatsauce an, die man unter das Brotgemisch zieht. Vor dem Essen stellt man das Ganze ungefähr eine Stunde in den Kühlschrank.

Diese Panzanella ist im Grunde nichts anderes als eine einfachere Variante des spanischen Gazpacho; sie gilt in der ländlichen Toskana als vollständige Mahlzeit, die von den Vitaminen bis zum Öl alles enthält, was der Mensch zum Leben braucht. [...]

Aber auch frisches Brot findet in der toskanischen Küche ausgiebig Verwendung. Eine der einfachsten und besten Vorspeisen ist die *Bruschetta,* so nennt man in der Toskana und in den Abruzzen geröstete Brotscheiben, die mit Knoblauch bestrichen, mit Olivenöl beträufelt und mit Salz und Pfeffer bestreut werden. In manchen Trattorien der Toskana und Süditaliens bekommt man vor dem Essen unaufgefordert eine ofenwarme Bruschetta zum Wein serviert. Wenn das Öl und das Brot von guter Qualität sind, schmeckt diese Bauernspeise besser als ein Lachstoast. Eine andere Variante, die man von der Toskana bis nach Kalabrien kennt, ist das Tomatenbrot: ein Stück trockenes Brot, auf dem man eine Knoblauchzehe reibt und dann eine halbe Tomate, deren Saft das Brot aufsaugt. Dann gießt man Olivenöl darüber und schmeckt mit Salz und Pfeffer ab. Beliebt sind in der Toskana auch die *Crostini,* kleine geröstete Brotschnitten mit verschiedenem Belag. Im Herbst bekommt man sie vor allem mit pikantem Wildragout; eine Delikatesse fürs ganze Jahr sind die *Crostini di fegatini di pollo,* die Hühnerleber-Toasts, die meistens warm als Vorspeise serviert werden, aber auch kalt eine gute Begleitung zu einem Glas Chianti sind.

SEMMELKREN

Ein enkel der tochter des Großen Geistes besuchte eines tages den vater seiner frau. Seine schwiegermutter kochte ihm zum abendessen semmelkren. Er hatte solchen noch nie gegessen, er fand ihn köstlicher als manna oder milchschokolade. Er blieb mehrere tage und wollte nichts anderes als semmelkren. Als er endlich von den schwiegereltern abschied nahm, sagte er: »Mutter, wie heißt die köstliche speise, die du mir täglich gekocht hast?« Die schwiegermutter lachte: »Wie, das weißt du nicht? Es war semmelkren, was du gegessen hast!« Und sie gab ihm semmelkren in einweckgläsern auf die reise mit.

Der enkel der tochter des Großen Geistes wollte den namen der köstlichen speise nicht vergessen und wiederholte auf seinem heimweg: »Semmelkren, semmelkren, semmelkren.« Und als er müde wurde, setzte er sich unter einen essigbaum, um eine weile auszuruhen. Er schlief ein und hatte einen traum, der mit semmelkren nichts zu tun hatte. Er erwachte und hatte das wort vergessen, er kehrte um und langte gegen morgen wieder bei den schwiegereltern ein, er fragte abermals: »Mutter, wie heißt die köstliche speise, die du mir täglich gekocht hast?«

Die schwiegermutter lachte: »Urenkel des Großen Geistes, du hast ein schlechtes gedächtnis. Die speise, die ich dir gekocht habe, heißt semmelkren!« Und sie gab ihm semmelkren in einweckgläsern auf die reise mit.

Der enkel der tochter des Großen Geistes machte sich

auf den Weg, er wiederholte ununterbrochen: »Semmelkren, semmelkren, semmelkren.« Als er an den großen
Fluß kam, mußte er durch eine strecke schlamm, er blieb
eine weile darin stecken, er vergaß das wort. Er dachte,
das wort sei ihm aus dem mund gefallen, er begann im
schlamm zu suchen.

Das sahen zwei medizinmänner, die sich in der nähe
aufhielten. Sie kamen auf ihn zu und fragten ihn: »Was
suchst du so verzweifelt?«

»Ich suche kostbares«, sagte er.

Die beiden medizinmänner sagten: »Wir wollen dir bei
der suche helfen, du mußt uns aber versprechen, wenn
wir es finden, uns die hälfte zu geben.«

Der enkel der tochter des Großen Geistes versprach
es, und die medizinmänner stellten ihre medizin beiseite, sie fingen an, mit dem enkel der tochter des
Großen Geistes im schlamm zu wühlen. Nach einer
weile sagte der eine medizinmann zum anderen: »Dieser
schlamm sieht aus wie semmelkren!« Als der enkel der
tochter des Großen Geistes das hörte, lief er auf und davon, er durchschwamm den fluß und rief: »Semmelkren,
semmelkren, semmelkren!«

Aber zuhause angekommen, hatte er den namen der
speise wieder vergessen, die einweckgläser waren ihm
beim durchschwimmen des großen flusses untergegangen. Er sagte zu seiner frau: »Koche mir das, was mir
deine mutter mitgegeben hat, nämlich das, was mir im
fluß untergegangen ist!«

Seine frau sagte: »Was war es, das dir meine mutter
gekocht hat?«

»Ich habe vergessen, wie es heißt, aber es schmeckt
köstlich«, sagte der enkel der tochter des Großen Geistes

zu seiner frau, »darum koche es mir sofort, denn meine reise hat mich hungrig gemacht.«

Die frau wußte nicht, was sie ihrem mann kochen sollte, und dieser nahm einen stock und begann sie zu prügeln. Der streit dauerte tage. Schließlich lief die frau zu ihrer mutter, sie fragte: »Was hast du meinem mann gekocht?«

»Semmelkren!« sagte die mutter.

Die frau kehrte nachhause zurück und kochte eine menge semmelkren, sie sagte zu ihrem mann: »Hier hast du das, um was du so gejammert hast, aber wenn du auch nur einen löffel davon übrig läßt, zerdresche ich an dir meinen besenstiel!«

Der enkel der tochter des Großen Geistes setzte sich zu tisch und aß, doch er konnte unmöglich alles hinunterbringen, und als seine frau nach dem besen griff, sprang er auf, rannte zum großen Fluß hinunter und tauchte bis an den hals in den uferschlamm. Nur sein kopf ragte heraus: »Ich hoffe, daß sie mich nicht entdecken wird!« sagte der enkel der tochter des Großen Geistes. Das geschah zur zeit, als der semmelkren erschaffen wurde.

SEMMELKREN

5	Semmeln
½ l	Braune Rindsuppe
2 EL	Obers oder Milch
300 g	Butter
2 EL	Kren (Meerrettich)
	Salz

Die Semmeln werden blättrig geschnitten, in kalter Suppe eingeweicht, aufgekocht, versprudelt, mit geriebenem Kren, Obers, Salz und Butter vermischt.
Verbesserung: Man kann statt Obers 2 Dotter nehmen.

V. DER HUNGER NACH BROT

MANNA

Mose ließ die Kinder Israel ziehen vom Schilfmeer hinaus zu der Wüste Sur. Und sie wanderten drei Tage in der Wüste, daß sie kein Wasser fanden. Da kamen sie gen Mara; aber sie konnten das Wasser zu Mara nicht trinken, denn es war sehr bitter. Daher hieß man den Ort Mara.

Da murrte das Volk wider Mose und sprach: Was sollen wir trinken? Er schrie zu dem Herrn, und der Herr wies ihm einen Baum; den tat er ins Wasser, da ward es süß.

Daselbst stellte er ihnen ein Gesetz und ein Recht und versuchte sie und sprach: Wirst du der Stimme des Herrn, deines Gottes, gehorchen und tun, was recht ist vor ihm, und zu Ohren fassen seine Gebote und halten alle seine Gesetze, so will ich der Krankheiten keine auf dich legen, die ich auf Ägypten gelegt habe; denn Ich bin der Herr, dein Arzt.

Und sie kamen gen Elim, da waren zwölf Wasserbrunnen und siebzig Palmbäume, und sie lagerten sich daselbst ans Wasser.

Von Elim zogen sie aus; und die ganze Gemeinde der Kinder Israel kam in die Wüste Sin, die da liegt zwischen Elim und Sinai, am fünfzehnten Tage des zweiten Monats, nachdem sie aus Ägypten gezogen waren.

Und es murrte die ganze Gemeinde der Kinder Israel wider Mose und Aaron in der Wüste und sprachen: Wollte Gott, wir wären in Ägypten gestorben durch des Herrn Hand, da wir bei den Fleischtöpfen saßen und hatten die Fülle Brot zu essen; denn ihr habt uns darum ausgeführt in diese Wüste, daß ihr diese ganze Gemeinde Hungers sterben lasset.

Da sprach der Herr zu Mose: Siehe, ich will euch Brot vom Himmel regnen lassen, und das Volk soll hinausgehen und sammeln täglich, was es des Tages bedarf, daß ich's versuche, ob's in meinem Gesetz wandle oder nicht. Des sechsten Tages aber sollen sie zurichten, was sie einbringen, und es wird zwiefältig soviel sein, als sie sonst täglich sammeln.

Mose und Aaron sprachen zu allen Kindern Israel: Am Abend sollt ihr innewerden, daß euch der Herr aus Ägyptenland geführt hat, und des Morgens werdet ihr des Herrn Herrlichkeit sehen; denn er hat euer Murren wider den Herrn gehört. Was sind wir, daß ihr wider uns murret? Weiter sprach Mose: Der Herr wird euch am Abend Fleisch zu essen geben und am Morgen Brots die Fülle, darum daß der Herr euer Murren gehört hat, das ihr wider ihn gemurrt habt. Denn was sind wir? Euer Murren ist nicht wider uns, sondern wider den Herrn.

Und Mose sprach zu Aaron: Sage der ganzen Gemeinde der Kinder Israel: Kommt herbei vor den Herrn, denn er hat euer Murren gehört. Und da Aaron also redete zu der ganzen Gemeinde der Kinder Israel, wandten sie sich gegen die Wüste; und siehe, die Herrlichkeit des Herrn erschien in einer Wolke. Und der Herr sprach zu Mose: Ich habe der Kinder Israel Murren gehört. Sage ihnen: Gegen Abend sollt ihr Fleisch zu essen haben und am Morgen von Brot satt werden, und innewerden, daß ich der Herr, euer Gott, bin.

Und am Abend kamen Wachteln herauf und bedeckten das Heer. Und am Morgen lag der Tau um das Heer her. Und als der Tau weg war, siehe, da lag's in der Wüste rund und klein wie der Reif auf dem Lande.

Und da es die Kinder Israel sahen, sprachen sie untereinander: Man hu [d. h. was ist das?]; denn sie wußten nicht, was es war. Mose aber sprach zu ihnen: Es ist das Brot, das euch der Herr zu essen gegeben hat. Das ist's aber, was der Herr geboten hat: Ein jeglicher sammle, soviel er für sich essen mag, und nehme ein Gomer auf ein jeglich Haupt nach der Zahl der Seelen in seiner Hütte. Und die Kinder Israel taten also und sammelten, einer viel, der andere wenig. Aber da man's mit dem Gomer maß, fand der nicht darüber, der viel gesammelt hatte, und der nicht darunter, der wenig gesammelt hatte; sondern ein jeglicher hatte gesammelt, soviel er für sich essen mochte. Und Mose sprach zu ihnen: Niemand lasse etwas davon übrig bis morgen. Aber sie gehorchten Mose nicht. Und etliche ließen davon übrig bis morgen; da wuchsen Würmer darin, und es ward stinkend. Und Mose ward zornig auf sie.

Sie sammelten aber alle Morgen, soviel ein jeglicher für sich essen mochte. Wenn aber die Sonne heiß schien, zerschmolz es.

Und des sechsten Tages sammelten sie des Brots zwiefältig, je zwei Gomer für einen. Und alle Obersten der Gemeinde kamen hinein und verkündigten's Mose. Und er sprach zu ihnen: Das ist's, was der Herr gesagt hat: Morgen ist der Sabbat der heiligen Ruhe des Herrn; was ihr backen wollt, das backt, und was ihr kochen wollt, das kocht; was aber übrig ist, das lasset bleiben, daß es behalten werde bis morgen. Und sie ließen's bleiben bis morgen, wie Mose geboten hatte; da ward's nicht stinkend und war auch kein Wurm darin. Da sprach Mose:

Jacopo Tintoretto: Das Manna-Wunder

Esset das heute, denn es ist heute der Sabbat des Herrn; ihr werdet's heute nicht finden auf dem Felde. Sechs Tage sollt ihr sammeln; aber der siebente Tag ist der Sabbat, an dem wird nichts da sein.

Aber am siebenten Tage gingen etliche vom Volk hinaus, zu sammeln, und fanden nichts. Da sprach der Herr zu Mose: Wie lange weigert ihr euch, zu halten meine Gebote und Gesetze? Sehet, der Herr hat euch den Sabbat gegeben; darum gibt er euch am sechsten Tage zweier Tage Brot. So bleibe nun ein jeglicher in dem Seinen, und niemand gehe heraus von seinem Ort des siebenten Tages. Also feierte das Volk am siebenten Tage.

Und das Haus Israel hieß es Man. Und es war wie Koriandersamen und weiß und hatte einen Geschmack wie Semmel mit Honig.

Das 2. Buch Mose

HERMANN HESSE

DIE SÜSSEN BROTE

Die vielen ehrwürdigen Berichte der Vorväter über das Leben der göttlichen Einsiedler in der Wüste Thebais erzählen häufig davon, wie vielerlei Versuchungen der Teufel diesen geprüften Heiligen erregte. Daß jedoch Gottes Güte selber einem solchen Einsiedler zur Versuchung gereichte, davon erwähnt der heilige Johannes von Ägypten ein Beispiel.

In Heliopolis lebte ein wohlhabender Mann. Ohne gerade einen verworfenen Lebenswandel zu führen, liebte er doch die Freuden dieser Welt. Er besuchte den Zirkus und die Bäder, liebte die Frauen, und da er von friedfertiger und etwas träger Natur war, neigte er besonders den Genüssen der Tafel zu.

Diesen guten Mann rührte eines Tages, da er nach einer reichlichen Mahlzeit sich mit Schmerzen niederlegen mußte, die Hand des Herrn so mächtig an, daß er die Eitelkeit seines Wandels mit Schrecken erkannte und sogleich beschloß, von Stunde an einzig für das Heil seiner Seele zu leben. Alsbald suchte er den Umgang frommer christlicher Leute, mied alle böse Gesellschaft und veränderte sich mit Gottes Gnade so sehr, daß er ein Gelübde tat, hinfort jeder Lust dieser Welt Valet zu geben und sein Leben als ein büßender Eremit in Entsagung und Gebet hinzubringen.

Also zog er, wie es zu jener Zeit viele fromme Männer taten, von der Stadt Heliopolis hinweg in die grimmige Wildnis, suchte an einem wüsten Ort eine Felsenhöhle und blieb daselbst. Er bereitete mit bloßen Händen ein winzig kleines Stück Boden notdürftig zu, säte eine Handvoll Korn und Linsen und nährte sich vom geringen Ertrag dieser Arbeit. Nach dem Beispiel der heiligen Väter nahm er niemals Speise zu sich, solange die Sonne am Himmel stand, sondern aß erst nach dem Untergang der Sonne, und auch da nur wenig Körner oder in Wasser geweichte Linsen und trank dazu aus einer nahen Quelle. Auch eiferte er den frommen Eremiten nach mit Beten, Lobsingen und Bußübungen.

Diesen Bemühungen schaute ein kleiner Engel mit Vergnügen zu, der mit andern seinesgleichen jene abgelegene Gegend oft besuchte, um ein Auge auf die Einsiedler zu haben. Der kleine Engel fand ein besonderes

Gefallen an diesem Büßer und war ihm oft unsichtbar nahe, um seine Seufzer und Gebete anzuhören und vor Gott ein Zeuge für seine Hingebung und Andacht zu sein.

Der Engel, nachdem er mehrere Jahre lang den guten Mann still beobachtet hatte, faßte sich endlich ein Herz, trat vor Gottes Thron und sprach: »Ich kenne einen Frommen in der Wüste, der führt ein gar demütiges und armes Leben um deiner Ehre willen seit manchen Jahren. Erlaube mir, daß ich ihm ein wenig Trost und Freude bringe, als Zeichen deiner großen Güte.«

Da fragte der Herr: »Was tut denn dieser Einsiedler Besonderes, daß du ihn vor andern beglücken willst?«

Und der Engel sagte schüchtern: »Ach, Besonderes tut er eigentlich nicht. Er ist viel zu demütig und einfältig in seinem guten Herzen, als daß er etwas Besonderes tun sollte. Er gefällt mir so gut.«

Der Herr lächelte und sagte: »Gut, ich erlaube dir, daß du ihm eine Freude bereitest. Aber verdirb ihn mir nicht!«

Der kleine Engel stimmte ein Loblied an und eilte in die Wüste, wo der Büßer hauste. Es ging eben die Sonne am Rand der Wüste unter, und der fromme Mann ging hin, sich eine Handvoll dürrer Linsen ins Wasser zu legen. Da wußte der Engel plötzlich, was er tun wollte, und flog davon.

Als am folgenden Abend der Eremit den Felsen verließ, auf dem er zu beten pflegte, und der schon von seinen Knien ausgehöhlt war, und als er in seine Höhle trat, da stieg ihm ein feiner, lange nicht mehr empfundener Duft in die Nase. Und er fand auf dem steinernen Tisch drei Brote liegen, die waren weiß wie Schnee und lind wie Wolle und honigsüß. Er roch an ihnen, er betastete sie, er brach eine Krume ab und führte sie zum Mund. Da ging ein stilles Leuchten über sein Antlitz, er kniete nieder, aß das erste Brot und fand, daß es nach Honig schmeckte. Das zweite schmeckte nach Pfirsich und war auf Zunge und Zähnen dem Fleisch reifer Pfirsiche gleich. Das dritte, das er langsam kostend verzehrte, duftete noch köstlicher und hatte den Geschmack der Ananas. Bei diesem Geschmack seufzte der begnadete Büßer leise wie in einem Traum.

Den andern Tag beging er seine Übungen mit Dankbarkeit. Gegen Abend jedoch blickte er manchmal nach dem Stand der Sonne, und kaum war ihre rote Scheibe am Horizont verglüht, da trat er eilends in seine Höhle, nach dem Tisch zu schauen. Und siehe, wieder lagen drei Brote da, und sie schmeckten nach Apfel, nach Himbeeren und nach Quitte. Das Quittenbrot entlockte dem Frommen wieder einen Seufzer.

Am dritten Tag war der Mittag kaum überschritten, da fing der Einsiedler an, seine Gedanken gen Abend zu lenken, und gab sich heftiger Neugierde hin, welcher Art die heutigen Brote sein würden. Dazwischen überwand er sich wieder, betete und warf sich nieder, aber er mußte immer wieder bald an Erdbeeren, bald an Spalierbirnen, bald an frische Butter oder kaltes Huhn denken.

Nach der Mahlzeit hatte er keine Lust, den Felsen nochmals zu ersteigen und zu beten, er sprach sitzend ein kleines Dankgebet und legte sich wohlig nieder, schlief bis in den Tag hinein und träumte von lauter eßbaren Dingen, an die er seit Jahren nicht mehr gedacht hatte. Am Morgen strafte er sich und beschloß, Gott zu bitten, daß er ihm keine Brote mehr sende. Aber er brachte es nicht über sich und redete sich ein, daß dies undankbar sein würde. Dafür entschloß er sich am Morgen, heute keines von den Broten zu essen. Um Mittag dann gab er ein wenig nach und nahm sich vor, wenigstens nur eines zu nehmen. Am Abend aber aß er zwei. Das dritte, von dem er nur den Duft genossen hatte, ließ er liegen, als er zur Ruhe ging. Doch konnte er in dieser Nacht nur wenig schlafen. Nach einer Stunde erhob er sich, schaute nach dem Brot, nahm es in die Hand und legte es wieder hin. Und wieder nach einer Stunde erhob er sich von neuem, fest entschlossen, das Brot nun doch zu essen. Aber nun war es verschwunden.

Böse Tage begannen. Bald gelang es ihm, ein Brot oder gar zwei liegen zu lassen, bald aß er wieder alle, und nie war er mit sich zufrieden. Mit der guten Speise aber kehrte das Blut in seine Wangen und die Kraft in seine Glieder zurück. Er träumte von Tafeln voll erlesener Gerichte, von süßem Cyperwein, von lauen, wohlriechenden Bädern. Schließlich versäumte er Arbeit und Gebet immer mehr, sehnte sich den ganzen Tag nach dem Sonnenuntergang und blieb lange faule Stunden auf dem Lager liegen. Der kleine Engel sah mit Kummer, was er angerichtet hatte. Dem Büßer seine Brote ganz zu entziehen, wagte er nicht, damit jener nicht an Gottes Güte verzweifle. Aber bald legte er ihm nur noch ein einziges, bald nur ein halbes Himmelsbrot hin, und je übler der Eremit sich gebärdete, desto weniger und desto schlechteres Brot fand er am Abend seiner warten.

Dem Manne war jedoch auf diese Weise nicht zu helfen. Das Heimweh nach dem Weltleben hatte ihn mächtig angefallen, und schließlich siegte die Versuchung. Er steckte zwei Brote zu sich und machte sich auf den Weg, um die Stadt Heliopolis und sein ehemaliges Wohlleben wieder aufzusuchen.

Der kleine Engel sah es mit Entsetzen, flog zu Gottes Thron, bekannte alles und legte sich weinend zu des Herrn Füßen.

Der Einsiedler aber eilte voll Begierde dahin, hob seine Füße wie im Tanz und hatte den Kopf voll holder Bilder. Allmählich aber ward er müde, und am Abend war er froh, als er einige Hütten erblickte, wo andre christliche Büßer lebten. Er trat zu ihnen ein, grüßte und bat um Obdach. Sie empfingen ihn brüderlich, boten ihm Wasser und Nüsse, aßen mit ihm und fragten ihn dann, woher er käme. Und da er von seinem Leben erzählte und ihnen als ein großer Heiliger erschien, erwiesen sie ihm Ehrfurcht, baten um seinen Segen und pflogen erbauliche Gespräche. Er hörte beklommen zu, da er ja ganz andre Gedanken in sich verbarg. Doch mußte er ihnen Bescheid geben, und indem er von seinem langen Wüstenleben erzählte, fiel es ihm auf die Seele, wie nahe er Gott gewesen war und wie weit er sich nun von ihm entfernt hatte.

Endlich bat ihn einer der Brüder, ein jüngerer Mann, um Rat und sagte: »Hilf mir, du lieber, frommer Vater. Ich habe kein andres Verlangen, als meine Seele unversehrt zu Gott zu bringen. Aber ich bin noch jung, und zuweilen überfällt mich Versuchung und Fleischeslust. Du, der du das alles längst besiegt hast, sage mir: wie werde ich der Anfechtungen Meister?«

Da brach der Eremit in Tränen aus, klagte sich an und bekannte den Brüdern alles, was mit ihm geschehen war. Sie trösteten ihn, beteten mit ihm, behielten ihn einige Tage in ihrer Mitte und entließen ihn dann als einen von neuem Geretteten, der unverweilt seine vorige Höhle wieder aufsuchte, Buße tat und zu einem heiligen Leben zurückkehrte. Er fand keine Brote mehr und mußte wieder im Schweiß seines Angesichts den kleinen steinigen Acker bestellen. Der Engel aber stand ihm ungesehen bei und trug, als die Stunde für ihn gekommen war, seine befreite Seele lobsingend zum Himmel empor.

VERSPÄTUNG

Mutter, ach Mutter! es hungert mich,
Gib mir Brot, sonst sterbe ich.
    Warte nur, mein liebes Kind!
    Morgen wollen wir säen geschwind.

Und als das Korn gesäet war,
Rief das Kind noch immerdar:
Mutter, ach Mutter! es hungert mich,
Gib mir Brot, sonst sterbe ich.
    Warte nur, mein liebes Kind!
    Morgen wollen wir ernten geschwind.

Und als das Korn geerntet war,
Rief das Kind noch immerdar:
Mutter, ach Mutter! es hungert mich,
Gib mir Brot, sonst sterbe ich.
    Warte nur, mein liebes Kind!
    Morgen wollen wir dreschen geschwind.

Käthe Kollwitz: Brot!

Und als das Korn gedroschen war,
Rief das Kind noch immerdar:
Mutter, ach Mutter! es hungert mich,
Gib mir Brot, sonst sterbe ich.
    Warte nur, mein liebes Kind!
    Morgen wollen wir mahlen geschwind.

Und als das Korn gemahlen war,
Rief das Kind noch immerdar:
Mutter, ach Mutter! es hungert mich,
Gib mir Brot, sonst sterbe ich.
    Warte nur, mein liebes Kind!
    Morgen wollen wir backen geschwind.

Und als das Brot gebacken war,
Lag das Kind schon auf der Bahr.

BRÜDER GRIMM

HÄNSEL UND GRETEL

Am frühen Morgen kam die Frau und holte die Kinder aus dem Bette. Sie erhielten ihr Stückchen Brot, das war aber noch kleiner als das vorigemal. Auf dem Wege nach dem Wald bröckelte es Hänsel in der Tasche, stand oft still und warf ein Bröcklein auf die Erde. »Hänsel, was stehst du und guckst dich um«, sagte der Vater, »geh deiner Wege.« »Ich sehe nach meinem Täubchen, das sitzt auf dem Dache und will mir ade sagen«, antwortete Hänsel. »Narr«, sagte die Frau, »das ist dein Täubchen nicht, das ist die Morgensonne, die auf den Schornstein oben scheint.« Hänsel aber warf nach und nach alle Bröcklein auf den Weg.

Die Frau führte die Kinder noch tiefer in den Wald, wo sie ihr Lebtag noch nicht gewesen waren. Da ward wieder ein großes Feuer angemacht, und die Mutter sagte: »Bleibt nur da sitzen, ihr Kinder, und wenn ihr müde seid, könnt ihr ein wenig schlafen: wir gehen in den Wald und hauen Holz, und abends, wenn wir fertig sind, kommen wir und holen euch ab.« Als es Mittag war, teilte Gretel ihr Brot mit Hänsel, der sein Stück auf den Weg gestreut hatte. Dann schliefen sie ein, und der Abend verging, aber niemand kam zu den armen Kindern. Sie erwachten erst in der finstern Nacht, und Hänsel tröstete sein Schwesterchen und sagte: »Wart nur, Gretel, bis der Mond aufgeht, dann werden wir die Brotbröcklein sehen, die ich ausgestreut habe, die zeigen uns den Weg nach Haus.« Als der Mond kam, machten sie sich auf, aber sie fanden kein Bröcklein mehr, denn die vieltausend Vögel, die im Walde und im Felde umherfliegen, die hatten sie weggepickt. Hänsel sagte zu Gretel: »Wir werden den Weg schon finden«, aber sie fanden ihn nicht. Sie gingen die ganze Nacht und noch einen Tag von Morgen bis Abend, aber sie kamen aus dem Wald nicht heraus, und waren so hungrig, denn sie hatten nichts als die paar Beeren, die auf der Erde standen. Und weil sie so müde waren, daß die Beine sie nicht mehr tragen wollten, so legten sie sich unter einen Baum und schliefen ein.

Nun war's schon der dritte Morgen, daß sie ihres Vaters Haus verlassen hatten. Sie fingen wieder an zu gehen, aber sie gerieten immer tiefer in den Wald, und wenn nicht bald Hilfe kam, so mußten sie verschmach-

ten. Als es Mittag war, sahen sie ein schönes schnee-
weißes Vöglein auf einem Ast sitzen, das sang so schön,
daß sie stehenblieben und ihm zuhörten. Und als es
fertig war, schwang es seine Flügel und flog vor ihnen
her, und sie gingen ihm nach, bis sie zu einem Häuschen
gelangten, auf dessen Dach es sich setzte, und als sie
ganz nah herankamen, so sahen sie, daß das Häuslein
aus Brot gebaut war und mit Kuchen gedeckt; aber die
Fenster waren von hellem Zucker. »Da wollen wir uns
dranmachen«, sprach Hänsel, »und eine gesegnete Mahlzeit halten. Ich will ein Stück vom Dach essen, Gretel,
du kannst vom Fenster essen, das schmeckt süß.« Hänsel
reichte in die Höhe und brach sich ein wenig vom Dach
ab, um zu versuchen, wie es schmeckte, und Gretel
stellte sich an die Scheiben und knuperte daran. Da rief
eine feine Stimme aus der Stube heraus:

>»Knuper, knuper, kneischen,
>   wer knupert an meinem Häuschen?«

Die Kinder antworteten:

>»Der Wind, der Wind,
>   das himmlische Kind«,

und aßen weiter, ohne sich irremachen zu lassen. Hänsel, dem das Dach sehr gut schmeckte, riß sich ein großes Stück davon herunter, und Gretel stieß eine ganze
runde Fensterscheibe heraus, setzte sich nieder und tat
sich wohl damit. Da ging auf einmal die Türe auf, und
eine steinalte Frau, die sich auf eine Krücke stützte, kam
herausgeschlichen. Hänsel und Gretel erschraken so ge-
waltig, daß sie fallen ließen, was sie in den Händen hiel-
ten. Die Alte aber wackelte mit dem Kopfe und sprach:
»Ei, ihr lieben Kinder, wer hat euch hierhergebracht?
Kommt nur herein und bleibt bei mir, es geschieht euch

kein Leid.« Sie faßte beide an der Hand und führte sie in ihr Häuschen. Da ward gutes Essen aufgetragen, Milch und Pfannekuchen mit Zucker, Äpfel und Nüsse. Hernach wurden zwei schöne Bettlein weiß gedeckt, und Hänsel und Gretel legten sich hinein und meinten, sie wären im Himmel.

Die Alte hatte sich nur so freundlich angestellt, sie war aber eine böse Hexe, die den Kindern auflauerte, und hatte das Brothäuslein bloß gebaut, um sie herbeizulocken. Wenn eins in ihre Gewalt kam, so machte sie es tot, kochte es und aß es, und das war ihr ein Festtag. Die Hexen haben rote Augen und können nicht weit sehen, aber sie haben eine feine Witterung, wie die Tiere, und merken's, wenn Menschen herankommen. Als Hänsel und Gretel in ihre Nähe kamen, da lachte sie boshaft und sprach höhnisch: »Die habe ich, die sollen mir nicht wieder entwischen.« Frühmorgens, ehe die Kinder erwacht waren, stand sie schon auf, und als sie beide so lieblich ruhen sah, mit den vollen roten Backen, so murmelte sie vor sich hin: »Das wird ein guter Bissen werden.« Da packte sie Hänsel mit ihrer dürren Hand und trug ihn in einen kleinen Stall und sperrte ihn mit einer Gittertüre ein; er mochte schreien, wie er wollte, es half ihm nichts. Dann ging sie zur Gretel, rüttelte sie wach und rief: »Steh auf, Faulenzerin, trag Wasser und koch deinem Bruder etwas Gutes, der sitzt draußen im Stall und soll fett werden. Wenn er fett ist, so will ich ihn essen.« Gretel fing an, bitterlich zu weinen, aber es war alles vergeblich, sie mußte tun, was die böse Hexe verlangte.

Nun ward dem armen Hänsel das beste Essen gekocht, aber Gretel bekam nichts als Krebsschalen. Jeden Morgen schlich die Alte zu dem Ställchen und rief: »Hänsel, streck deine Finger heraus, damit ich fühle, ob du bald fett bist.« Hänsel streckte ihr aber ein Knöchlein heraus, und die Alte, die trübe Augen hatte, konnte es nicht sehen, und meinte, es wären Hänsels Finger, und verwunderte sich, daß er gar nicht fett werden wollte. Als vier Wochen herum waren und Hänsel immer mager blieb, da übernahm sie die Ungeduld, und sie wollte nicht länger warten. »Heda, Gretel«, rief sie dem Mädchen zu, »sei flink und trag Wasser: Hänsel mag fett oder mager sein, morgen will ich ihn schlachten und kochen.« Ach, wie jammerte das arme Schwesterchen, als es das Wasser tragen mußte, und wie flossen ihm die Tränen über die Backen herunter! »Lieber Gott, hilf uns doch«, rief sie aus, »hätten uns nur die wilden Tiere im Wald gefressen, so wären wir doch zusammen gestorben.« »Spar nur dein Geplärre«, sagte die Alte, »es hilft dir alles nichts.«

Frühmorgens mußte Gretel heraus, den Kessel mit Wasser aufhängen und Feuer anzünden. »Erst wollen wir backen«, sagte die Alte, »ich habe den Backofen schon eingeheizt und den Teig geknetet.« Sie stieß das arme Gretel hinaus zu dem Backofen, aus dem die Feuerflammen schon herausschlugen. »Kriech hinein«, sagte die Hexe, »und sieh zu, ob recht eingeheizt ist, damit wir das Brot hineinschießen können.« Und wenn Gretel darin war, wollte sie den Ofen zumachen, und Gretel sollte darin braten, und dann wollte sie's auch aufessen. Aber Gretel merkte, was sie im Sinn hatte, und sprach: »Ich weiß nicht, wie ich's machen soll; wie komm ich da hinein?« »Dumme Gans«, sagte die Alte, »die Öffnung ist groß genug, siehst du wohl, ich könnte selbst hinein«, krappelte heran und steckte den Kopf in den Backofen.

Da gab ihr Gretel einen Stoß, daß sie weit hineinfuhr, machte die eiserne Tür zu und schob den Riegel vor. Hu! da fing sie an zu heulen, ganz grauselich; aber Gretel lief fort, und die gottlose Hexe mußte elendiglich verbrennen.

Gretel aber lief schnurstracks zum Hänsel, öffnete sein Ställchen und rief: »Hänsel, wir sind erlöst, die alte Hexe ist tot.« Da sprang Hänsel heraus, wie ein Vogel aus dem Käfig, wenn ihm die Türe aufgemacht wird. Wie haben sie sich gefreut, sind sich um den Hals gefallen, sind herumgesprungen und haben sich geküßt! Und weil sie sich nicht mehr zu fürchten brauchten, so gingen sie in das Haus der Hexe hinein, da standen in allen Ecken Kasten mit Perlen und Edelsteinen. »Die sind noch besser als Kieselsteine«, sagte Hänsel und steckte in seine Taschen, was hinein wollte, und Gretel sagte: »Ich will auch etwas mit nach Haus bringen«, und füllte sich sein Schürzchen voll. »Aber jetzt wollen wir fort«, sagte Hänsel, »damit wir aus dem Hexenwald herauskommen.« Als sie aber ein paar Stunden gegangen waren, gelangten sie an ein großes Wasser. »Wir können nicht hinüber«, sprach Hänsel, »ich sehe keinen Steg und keine Brücke.« »Hier fährt auch kein Schiffchen«, antwortete Gretel, »aber da schwimmt eine weiße Ente, wenn ich die bitte, so hilft sie uns hinüber.« Da rief sie:

>> »Entchen, Entchen,
da steht Gretel und Hänsel.
Kein Steg und keine Brücke,
nimm uns auf deinen weißen Rücken.«

Das Entchen kam auch heran, und Hänsel setzte sich auf und bat sein Schwesterchen, sich zu ihm zu setzen. »Nein«, antwortete Gretel, »es wird dem Entchen zu

schwer, es soll uns nacheinander hinüberbringen.« Das
tat das gute Tierchen, und als sie glücklich drüben waren und ein Weilchen fortgingen, da kam ihnen der Wald
immer bekannter und immer bekannter vor, und endlich
erblickten sie von weitem ihres Vaters Haus. Da fingen
sie an zu laufen, stürzten in die Stube hinein und fielen
ihrem Vater um den Hals. Der Mann hatte keine frohe
Stunde gehabt, seitdem er die Kinder im Walde gelassen
hatte, die Frau aber war gestorben. Gretel schüttete sein
Schürzchen aus, daß die Perlen und Edelsteine in der
Stube herumsprangen, und Hänsel warf eine Handvoll
nach der andern aus seiner Tasche dazu. Da hatten alle
Sorgen ein Ende, und sie lebten in lauter Freude zusammen. Mein Märchen ist aus, dort lauft eine Maus, wer sie
fängt, darf sich eine große, große Pelzkappe daraus
machen.

Ein neues Lied, ein besseres Lied,
O Freunde, will ich euch dichten!
Wir wollen hier auf Erden schon
Das Himmelreich errichten.

Wir wollen auf Erden glücklich sein
Und wollen nicht mehr darben;
Verschlemmen soll nicht der faule Bauch,
Was fleißige Hände erwarben.

Es wächst hienieden Brot genug
Für alle Menschenkinder,
Auch Rosen und Myrten, Schönheit und Lust,
Und Zuckererbsen nicht minder.

Ja, Zuckererbsen für jedermann,
Sobald die Schoten platzen!
Den Himmel überlassen wir
Den Engeln und den Spatzen.

Und wachsen uns Flügel nach dem Tod,
So wollen wir euch besuchen
Dort oben, und wir, wir essen mit euch
Die seligsten Torten und Kuchen.

Heinrich Heine

WILLIAM SAROYAN
HÜHNERBROT

Der Junge stand vor Tagesanbruch auf und ging in die San-Joaquin-Brotfabrik. Es war schön dort, der Geruch von frischgebackenem Brot, und es war schön, der Maschine zuzusehen, die die Brote in Pergamentpapier einpackte. Hühnerbrot, sagte er, und der große Mann in dem feinen Anzug lächelte ihn freundlich an und fragte: Was für Hühner sind denn das, Sohn? Und der große Mann lächelte so nett, daß die Frage keine Beleidigung war, und der Junge brauchte dem Mann niemals zu erzählen, daß er selbst und sein Bruder und seine Schwestern das Hühnerbrot aßen. Er stellte sich nur vor den Kasten, ohne ein Wort zu sagen, ohne um besonders gute Brote zu bitten, und der große Mann verstand, und er suchte die besten Brote heraus und warf sie in den Beutel, den der Junge ihm geöffnet hinhielt. Wenn der Mann einmal aus Versehen ein schlechtes Brot in den Beutel hatte fallen lassen, sagte der Junge nichts, im nächsten Augenblick suchte der Mann das schlechte Brot wieder heraus und warf es in den Kasten zurück. So Hühner, sagte er, werden das Stück vielleicht nicht mögen. Und der Junge sagte nichts. Er lächelte bloß. Das Brot war gutes Brot, nicht zu alt und manchmal ganz frisch, manchmal sogar noch warm; aber es war Brot, das von der Packmaschine heruntergefallen war und das nicht an die Leute verkauft werden konnte. Es war aus demselben Teig gebacken und in denselben Öfen, bloß wenn ein Stück herunterfiel, hieß es Hühnerbrot, und ein ganzer Beutel voll kostete nur einen Vierteldollar. Der große Mann machte sich nie lustig. Vielleicht hatte er früher selbst einmal Hunger gekannt, vielleicht hatte er als Junge erfahren, wie es sich anfühlt, nach Brot zu hungern. Es war sehr komisch, wie er jedesmal nach den Hühnern fragte. Er wußte, daß die Hühner gar nicht existierten, und er suchte immer die besten Brote heraus.

Brot zum Essen, damit er durch die Stadt rennen und ausrufen konnte. Brot, um ihn stark zu machen, und seinen Angriffsgeist zu nähren, um seinen Körper mit Kraft zu füllen, um seine Stimme über die Erde rufen zu lassen. Brot, um ihn an den Rand des Todes und wieder ins Leben zurückzuführen, Brot, damit er atmete, einatmete, ausatmete, damit die Flamme in ihm nicht erlösche. Er schämte sich nicht und sagte: Hühnerbrot. Wir essen es. Jawohl, tun wir. Für die andern Leute ist es nicht gut genug. Wir sind viele zu Hause. Wir essen alles auf, jede Krume. Uns macht ein wenig Schmutz auf der Kruste nichts aus; wir essen alles, hinein in den Bauch. Einen ganzen Beutel voll Hühnerbrot. Wir sind arm und wir wissen es. Wenn ein Wind aufkommt, dann zittert unser Haus, aber wir zittern nicht. Wir essen das Brot gern, das nicht gut genug ist für die andern. Nur hinein in den Beutel mit den Broten. Sie sind zu gut für Hühner. Wir selber leben davon. Klar, wir essen das Brot, wir schämen uns nicht deswegen. Wir leben von dem Geld, das wir durch Zeitungsverkauf verdienen. Das Dach auf unserm Haus ist undicht, und wir fangen das Regenwasser in Schüsseln auf, aber wir alle wohnen in dem Haus, wir leben in dem Haus, und der Fußboden von unserm Haus senkt sich, wenn wir darübergehen, und es ist voll von Heimchen und Spinnen und Mäusen, aber wir wohnen in dem Haus und leben. Wir essen dieses Brot, das für die anderen nicht ganz gut genug ist, dieses Brot, das *Hühnerbrot* heißt.

WOLFGANG BORCHERT

DAS BROT

Plötzlich wachte sie auf. Es war halb drei. Sie überlegte, warum sie aufgewacht war. Ach so! In der Küche hatte jemand gegen einen Stuhl gestoßen. Sie horchte nach der Küche. Es war still. Es war zu still und als sie mit der Hand über das Bett neben sich fuhr, fand sie es leer. Das war es, was es so besonders still gemacht hatte: sein Atem fehlte. Sie stand auf und tappte durch die dunkle Wohnung zur Küche. In der Küche trafen sie sich. Die Uhr war halb drei. Sie sah etwas Weißes am Küchenschrank stehen. Sie machte Licht. Sie standen sich im Hemd gegenüber. Nachts. Um halb drei. In der Küche.

Auf dem Küchentisch stand der Brotteller. Sie sah, daß er sich Brot abgeschnitten hatte. Das Messer lag noch neben dem Teller. Und auf der Decke lagen Brotkrümel. Wenn sie abends zu Bett gingen, machte sie immer das Tischtuch sauber. Jeden Abend. Aber nun lagen Krümel auf dem Tuch. Und das Messer lag da. Sie fühlte, wie die Kälte der Fliesen langsam an ihr hochkroch. Und sie sah von dem Teller weg.

»Ich dachte, hier wäre was«, sagte er und sah in der Küche umher.

»Ich habe auch was gehört«, antwortete sie und dabei fand sie, daß er nachts im Hemd doch schon recht alt aussah. So alt wie er war. Dreiundsechzig. Tagsüber sah er manchmal jünger aus. Sie sieht doch schon alt aus, dachte er, im Hemd sieht sie doch ziemlich alt aus. Aber das liegt vielleicht an den Haaren. Bei den Frauen liegt das nachts immer an den Haaren. Die machen dann auf einmal so alt.

»Du hättest Schuhe anziehen sollen. So barfuß auf den kalten Fliesen. Du erkältest dich noch.«

Sie sah ihn nicht an, weil sie nicht ertragen konnte, daß er log. Daß er log, nachdem sie neununddreißig Jahre verheiratet waren.

»Ich dachte, hier wäre was«, sagte er noch einmal und sah wieder so sinnlos von einer Ecke in die andere, »ich hörte hier was. Da dachte ich, hier wäre was.«

»Ich hab auch was gehört. Aber es war wohl nichts.« Sie stellte den Teller vom Tisch und schnippte die Krümel von der Decke.

»Nein, es war wohl nichts«, echote er unsicher.

Sie kam ihm zu Hilfe: »Komm man. Das war wohl

draußen. Komm man zu Bett. Du erkältest dich noch. Auf den kalten Fliesen.«

Er sah zum Fenster hin. »Ja, das muß wohl draußen gewesen sein. Ich dachte, es wäre hier.«

Sie hob die Hand zum Lichtschalter. Ich muß das Licht jetzt ausmachen, sonst muß ich nach dem Teller sehen, dachte sie. Ich darf doch nicht nach dem Teller sehen. »Komm man«, sagte sie und machte das Licht aus, »das war wohl draußen. Die Dachrinne schlägt immer bei Wind gegen die Wand. Es war sicher die Dachrinne. Bei Wind klappert sie immer.«

Sie tappten sich beide über den dunklen Korridor zum Schlafzimmer. Ihre nackten Füße platschten auf den Fußboden.

»Wind ist ja«, meinte er. »Wind war schon die ganze Nacht.« Als sie im Bett lagen, sagte sie: »Ja, Wind war schon die ganze Nacht. Es war wohl die Dachrinne.«

»Ja, ich dachte, es wäre in der Küche. Es war wohl die Dachrinne.« Er sagte das, als ob er schon halb im Schlaf wäre.

Aber sie merkte, wie unecht seine Stimme klang, wenn er log. »Es ist kalt«, sagte sie und gähnte leise, »ich krieche unter die Decke. Gute Nacht.«

»Nacht«, antwortete er und noch: »ja, kalt ist es schon ganz schön.«

Dann war es still. Nach vielen Minuten hörte sie, daß er leise und vorsichtig kaute. Sie atmete absichtlich tief und gleichmäßig, damit er nicht merken sollte, daß sie noch wach war. Aber sein Kauen war so regelmäßig, daß sie davon langsam einschlief.

Als er am nächsten Abend nach Hause kam, schob sie

ihm vier Scheiben Brot hin. Sonst hatte er immer nur drei essen können.

»Du kannst ruhig vier essen«, sagte sie und ging von der Lampe weg. »Ich kann dieses Brot nicht so recht vertragen. Iß du man eine mehr. Ich vertrag es nicht so gut.«

Sie sah, wie er sich tief über den Teller beugte. Er sah nicht auf. In diesem Augenblick tat er ihr leid.

»Du kannst doch nicht nur zwei Scheiben essen«, sagte er auf seinen Teller.

»Doch. Abends vertrag ich das Brot nicht gut. Iß man. Iß man.«

Erst nach einer Weile setzte sie sich unter die Lampe an den Tisch.

Essen war kostbar, und daher war Brot eine Werteinheit. Noch heute packt mich manchmal die Verwunderung darüber, daß Brot so billig ist. Meine Mutter hat ihren Ehering bald und ohne viel Aufhebens für Brot eingetauscht.

Ruth Klüger

Josef Hegenbarth: Das Laib Brot

DER GESCHMACK DES BROTES

Aus dem Keller kam ihm schwüle, säuerliche Luft entgegen; er ging langsam die schleimigen Stufen hinunter und tastete sich in ein gelbliches Dunkel hinein: von irgendwoher tropfte es, das Dach mußte schadhaft oder eine Wasserleitung geplatzt sein; das Wasser vermengte sich mit Staub und Schutt und machte die Stufen glitschig wie den Boden eines Aquariums. Er ging weiter. Aus einer Tür hinten kam Licht, rechts las er im Halbdunkel ein Schild: »Röntgensaal, bitte nicht eintreten«. Er kam dem Licht näher, es war gelb und sanft, und er erkannte am Flackern, daß es eine Kerze sein mußte. Im Weitergehen blickte er in dunkle Räume hinein, wo er durcheinandergewirbelte Stühle, Ledersofas und plattgedrückte Schränke erkennen konnte.

Die Tür, aus der das Licht kam, war weit geöffnet. Neben der großen Altarkerze stand eine Nonne in blauem Habit; sie rührte in einer Emailleschüssel Salat um; die vielen grünen Blättchen waren weißlich gefärbt, und er hörte unten in der Schüssel die Soße leise schwappen. Die breite, rosige Hand der Nonne ließ die Blätter rundkreisen, und manchmal fielen kleine Blättchen über den Rand hinaus; sie las sie ruhig auf und warf sie wieder hinein. Neben dem Kerzenhalter stand eine große Blechkanne, aus der es flau nach Bouillon roch, nach heißem Wasser, Zwiebeln und irgendeiner Würfelmasse.

Er sagte laut: »Guten Abend.«

Die Nonne wandte sich um, ihr breites rosiges Gesicht zeigte Angst, und sie sagte leise: »Mein Gott – was wollen Sie?« Von ihren Händen tropfte die milchige Soße,

140

und an ihren weichen, kindlichen Armen klebten ein paar winzige Salatblättchen. »Mein Gott«, sagte sie, »haben Sie mich erschreckt. Wollen Sie etwas?«

»Ich habe Hunger«, sagte er leise.

Aber er blickte die Nonne schon nicht mehr an: sein Blick war nach rechts gefallen, in einen offenen Schrank hinein, dessen Tür vom Luftdruck herausgerissen war; der zerfetzte Rest der Sperrholztür hing noch an den Scharnieren, und der Boden war mit abgebröckelten Lackstücken bedeckt. Im Schrank lagen Brote, viele Brote. Sie lagen flüchtig übereinandergestapelt, mehr als ein Dutzend faltig gewordener Brote. Das Wasser schoß ihm ganz schnell in den Mund, er würgte den Schwall hinunter und dachte: »Ich werde Brot essen, auf jeden Fall werde ich Brot essen …«

Er sah die Nonne an: ihr Kinderblick zeigte Mitleid und Angst. »Hunger?« sagte sie, »Sie haben Hunger?«, blickte fragend auf die Salatschüssel, die Bouillonkanne und den Brotstapel.

»Brot«, sagte er, »bitte Brot.«

Sie ging zum Regal, nahm ein Brot heraus, legte es auf den Tisch und suchte in einer Schublade nach einem Messer.

»Danke«, sagte er leise, »lassen Sie nur, man kann Brot auch brechen …«

Die Schwester klemmte die Salatschüssel unter den Arm, nahm die Bouillonkanne und ging an ihm vorbei hinaus.

Er brach hastig eine Kante Brot ab: sein Kinn zitterte, und er spürte, wie die Muskeln seines Mundes und seine Kiefer zuckten. Dann grub er die Zähne in die unebene, weiche Bruchstelle und aß. Er aß Brot. Das Brot war alt, sicher eine Woche alt, trockenes Graubrot mit einer rötlichen Pappemarke von irgendeiner Fabrik. Er grub weiter mit seinen Zähnen, nahm auch die bräunliche lederne Kruste, packte den Laib in seine Hände und brach ein neues Stück ab; mit der Rechten essend, hielt er den Brotlaib mit der linken Hand fest; er aß weiter, setzte sich auf den Rand einer Kiste, und wenn er ein Stück abgebrochen hatte, biß er immer erst in die weiche Bruchstelle, dann spürte er rings um seinen Mund die Berührung des Brotes wie eine trockene Zärtlichkeit, während seine Zähne sich weiter gruben.

Wer nie sein Brot mit Tränen aß,
Wer nie die kummervollen Nächte
Auf seinem Bette weinend saß,
Der kennt euch nicht, ihr himmlischen Mächte.

Ihr führt ins Leben uns hinein,
Ihr laßt den Armen schuldig werden,
Dann überlaßt ihr ihn der Pein;
Denn alle Schuld rächt sich auf Erden.

Johann Wolfgang Goethe

MAURICE SENDAK

Ich versteckte also zunächst das Buch unter der Matratze und riß nur die erste Seite heraus. Dann begann ich aus kleinen Krümeln, die ich mir von meinem Brot absparte, in selbstverständlich lächerlich unvollkommener Weise die Figuren des Schachs, König, Königin und so weiter, zurechtzumodeln; nach endlosem Bemühen konnte ich es schließlich unternehmen, auf dem karierten Bettuch die im Schachbuch abgebildete Position zu rekonstruieren.

Stefan Zweig

KURT TUCHOLSKY
DER BRÖTCHENTANZ

Ist der neue Chaplin-Film schon in Berlin? Ich glaube nicht. Vergessen Sie nicht, auf den Brötchentanz zu achten, und verlangen Sie ihn Dakapo. Warum gibt es keine Dakapos im Film?

»Die Jagd nach dem Gold« (»The Gold rush«, »La Ruée vers l'Or«) ist ein Goldgräberabenteuer aus Alaska; daß es eine Parodie sein soll, wüßte man nicht, wenn mans nicht wüßte. Es beginnt mit dem Zug der Zehntausende in die Schneeberge – und schließlich geht ein Rauschen durchs Parkett. Er. Er hat einen Sack auf dem Buckel und einen Schal, aber sonst ist er ganz so ausgestattet wie immer: Hütchen, Stöckchen, Schnurrbärtchen ... Er wandelt frohen Mutes auf dem schmalen Rand einer Felswand, wankt und klettert ... Plötzlich taucht aus einer Höhle hinter ihm ein riesiger Bär auf, das Publikum kreischt, was wird jetzt werden? Nichts – Charlie geht still seines Weges, die braune Ge-

fahr immer hinter ihm her, schließlich verschwindet der Bär in der Felshöhle, und etwas später dreht sich der Goldgräber um und visiert die Gegend. Indianer? Raubtiere? Nein. Weiter. Dieser Ritt über dem Bodensee leitet das Fest ein.

In dem, was folgt, ragt an erster Stelle der Brötchentanz.

Chaplin hat in seiner Blockhütte schöne junge Mädchen zu Gast geladen – er wartet auf sie. Sie kommen nicht, er schläft ein und träumt, sie seien gekommen. Und das ganze kleine Fest zieht an seinen Augen vorüber, und zum Schluß, zum Nachtisch, muß er doch den Damen eine Unterhaltung servieren, und weil er nicht singen kann und auch kein Grammophon hat, tanzt er ihnen etwas vor. So:

Er pikt auf zwei Gabeln zwei lange Brötchen, stellt die Gabeln auf den Tisch und packt sie. Und nun sind es plötzlich zwei Beine, Tänzerinnenbeine, oder seine eigenen. Die Brötchen sind seine quer gestellten Schuhe, und das unsichtbare Gabelwesen fängt an, zu tanzen. Es ist eine der genialsten Erfindungen dieses genialen Komikers.

Zu den Klängen eines Foxtrotts wirft das Ding die Beine, rutscht und schleift, einmal macht es dieses Kunststück, ganz weit zu grätschen, daß man glauben muß, es werde gleich in der Mitte aufplatzen, es grüßt mit den Beinen und kokettiert mit den Beinen – und man vergißt völlig, daß es ja nur zwei Brötchen, auf Gabeln gespießt, sind, die uns da etwas vortanzen ... Diese schlumpige Grazie, dieser Spitzentanz in Lumpen, den wir so oft von ihm selbst gesehen haben: Chaplin wiederholt das mit einem Nichts, mit etwas, das gar nicht da

ist, mit der kindlichen Andeutung von Beinen. Er muß
das tagelang vorm Spiegel geübt haben. Wenn einem
der Atem vor Lachen ausgegangen ist, verbeugt sich das
Ding mit einem zierlichen Knicks. Husch, husch, die
Waldfee … mit zwei Sechserbrötchen.

Es geschieht vorher und nachher viel Komisches, aber
dies ist doch die dickste Perle. Ich habe den Film in Nar-
bonne gesehen, und wenn Sie mich nach den Sehens-
würdigkeiten dieser Stadt fragen: ich weiß nur diese
eine, den Brötchentanz.

BROT UND ROSEN

Wenn wir zusammen gehen,
  geht mit uns ein schöner Tag
durch all die dunklen Küchen,
  und wo grau ein Werkshof lag,
beginnt plötzlich die Sonne
  unsre arme Welt zu kosen,
und jeder hört uns singen:
  Brot und Rosen! Brot und Rosen!

Wenn wir zusammen gehen,
  kämpfen wir auch für den Mann,
weil unbemuttert kein Mensch
  auf die Erde kommen kann.
Und wenn ein Leben mehr ist als
  nur Arbeit, Schweiß und Bauch,
wollen wir mehr: gebt uns das Brot,
  doch gebt die Rosen auch.

Wenn wir zusammen gehen,
   gehen unsre Toten mit.
Ihr unerhörter Schrei nach Brot
   schreit auch durch unser Lied.
Sie hatten für die Schönheit, Liebe,
   Kunst, erschöpft nie Ruh.
Drum kämpfen wir ums Brot
   und wollen die Rosen dazu.

Wenn wir zusammen gehen,
   kommt mit uns ein bessrer Tag.
Die Frauen, die sich wehren,
   wehren aller Menschen Plag.
Zu Ende sei: daß kleine Leute
   schuften für die Großen.
Her mit dem ganzen Leben:
   Brot und Rosen! Brot und Rosen!

TEXTNACHWEISE

Mit einem Sternchen versehene Titel* wurden von den Herausgeberinnen formuliert oder sind den abgedruckten Texten entnommen.

17 »NUN WAR ICH BEREITS ...«
John Steinbeck: Der rote Pony und andere Erzählungen. Dt. von Rudolf Frank. München: Deutscher Taschenbuch Verlag, ²1991. (dtv. 10613.) S. 7. [Aus: Frühmahl.] © 1991 Paul Zsolnay Verlag Gesellschaft m. b. H., Wien.

17 »MATALENA STELLTE DIE BAUCHIGE ...«
Ignazio Silone: Wein und Brot. Roman. Aus dem Ital. von Hanna Dehio. Köln: Kiepenheuer & Witsch, 1984. S. 132. © 1974, 1984, 1991 Verlag Kiepenheuer & Witsch, Köln.

17 »ER LIEBTE ES ...«
Isabel Allende: Eva Luna. Roman. Aus dem Span. von Lieselotte Kolanoske. Frankfurt a. M.: Suhrkamp, 1988. S. 45. © 1988 Suhrkamp Verlag Frankfurt am Main.

18 BROT IM GRIMMSCHEN WÖRTERBUCH*.
Jacob und Wilhelm Grimm: Deutsches Wörterbuch. Bd. 2. Leipzig: Hirzel, 1860. Sp. 399–402.

21 BROT, DIE SPEISE DER SPEISEN*.
Appetit-Lexikon. Ein alphabetisches Hand- und Nachschlagebuch über alle Speisen und Getränke. Zugleich Ergänzung eines jeden Kochbuches. Hrsg. von Rudolf Habs und L[eopold] Rosner. Zweite, den modernen Anforderungen entsprechend umgearbeitete Auflage. Wien: Gerold, 1894. S. 65–70.

27 CHARLES BAUDELAIRE: DER KUCHEN.
Ch. B.: Sämtliche Werke/Briefe. In acht Bänden. Hrsg. von Friedhelm Kemp und Claude Pichois in Zsarb. mit Wolfgang Drost. Bd. 8: Le Spleen de Paris – Gedichte in Prosa. Übers. und Komm. von Friedhelm Kemp. München: Hanser, 1985. S. 163–167. © 1985 Carl Hanser Verlag München Wien.

30 FRIEDRICH HÖLDERLIN: BROT UND WEIN [AUSZUG].
Fr. H.: Gedichte. Ausw. und Nachw. von Konrad Nußbächer. Stuttgart: Reclam, 1963. (Universal-Bibliothek. 6266.) S. 112.

31 »DIE SENSE RAUSCHT ...«
Theodor Storm: Werke. Hrsg. von Theodor Hertel. Kritisch durchges. und erl. Ausg. Bd. 1. Leipzig/Wien: Bibliographisches Institut, 1918. S. 48.

31 DANIEL DEFOE: ROBINSON LERNT KORN ANBAUEN*.
D. D.: Robinson Crusoe. Aus dem Engl. übers. von Anna Tuhten. Leipzig: Reclam, 1911. (Universal-Bibliothek. 2194.) S. 133–135, 139–142.

39 WAVERLEY ROOT: DAS GETREIDE*.
W. R.: Das Mundbuch. Eine Enzyklopädie alles Eßbaren. Bearb. und aus dem Amerikan. übers. von Melanie Walz. Frankfurt a. M.: Eichborn, 1995. S. 176f., 87f., 310f., 379. © 1980 Waverley Root. Mit Genehmigung von Mohrbooks, Literary Agency, Zürich. Copyright für die deutsche Übersetzung © 1994 Vito von Eichborn GmbH & Co Verlag KG, Frankfurt am Main.

44 IM MÄRZEN DER BAUER ...
Deutsche Volkslieder. 168 Volkslieder und volkstümliche Lieder [mit Noten]. Stuttgart: Reclam, 1964. (Universal-Bibliothek. 8665.) S. 202f.

45 OTTO BORST: BAUERNARBEIT IM MITTELALTER*.
O. B.: Alltagsleben im Mittelalter. Mit zeitgenöss. Abb. Frankfurt a. M.: Insel Verlag, 1983. S. 345–348. © 1983 Insel Verlag Frankfurt am Main.

49 PETER HANDKE: DORFKINDHEIT*.
P. H.: Versuch über die Müdigkeit. Frankfurt a. M.: Suhrkamp, 1989. S. 25–28. © 1989 Suhrkamp Verlag Frankfurt am Main.

51 ANNA WIMSCHNEIDER: DRESCHZEIT*.
A. W.: Herbstmilch. Lebenserinnerungen einer Bäuerin. Überarb. von Katrin Meschkowski. München: Piper, 1984. S. 63–66. © 1984 Piper Verlag GmbH, München.

55 WEIZENLIEFERUNGEN* [1].
Eine Welt für alle. Lesebuch Dritte Welt. Hrsg. von Thomas Becker, Ingke Brodersen und Rüdiger Dammann. Reinbek: Rowohlt, 1990. S. 64f. [Aus: Randolph Braumann: Afrika wird totgefüttert.] Mit Genehmigung der Rasch und Röhring Verlag GmbH, Hamburg.

57 WEIZENLIEFERUNGEN* [2].
Grundprobleme der Entwicklungsländer. Hrsg. von Peter J. Opitz. München: Beck, 1991. (Beck'sche Reihe. 451.) S. 114. [Aus: Reinhard Wesel: Landwirtschaft und Ernährung.] © 1991 C. H. Beck'sche Verlagsbuchhandlung (Oscar Beck) München.

58 ERNTELIED.
Des Knaben Wunderhorn. Alte deutsche Lieder, ges. von Achim von Arnim und Clemens Brentano. Kritische Ausgabe. Hrsg. und komm. von Heinz Rölleke. 3 Bde. Stuttgart: Reclam, 1987. (Universal-Bibliothek. 1250–1252.) Bd. 1. S. 52–54.

61 GEORGE SAND: DER EHRLICHE MÜLLER*.
G. S.: Der Müller von Angibault. Roman. Aus dem Frz. neu übers. von Heidrun Hemje-Oltmanns. Mit einem Nachw. von Gisela Schlientz. München: Deutscher Taschenbuch Verlag, 1996. (dtv. 2379.) S. 104f. © 1996 Deutscher Taschenbuch Verlag, München.

62 ES KLAPPERT DIE MÜHLE ...
Text: Ernst Anschütz, um 1824.

63 GIULIANA BIAGIOLI: DORT UNTEN IN DER MÜHLE*.
Orte des Alltags. Miniaturen aus der europäischen Kulturgeschichte. Hrsg. von Heinz-Gerhard Haupt. München: Beck, 1994. S. 40–42. [Aus: G. B.: Die Mühle. Aus dem Ital. von Elisabetta Fontana-Hentschel.] © C. H. Beck'sche Verlagsbuchhandlung (Oscar Beck) München 1994; Gius. Laterza Figli, Roma – Bari, 1993.

66 KLAUS VON EINSIEDEL: BÄCKERZUNFT [AUSZUG].
Vom Korn zum Brot. Eine Ausstellung des Landesmuseums Koblenz. 21. März – 18. Juli 1982. Koblenz: Landesmuseum Koblenz, 1982. Bl. 10f. © 1982 Landesmuseum Koblenz.

71 »DA GING DAS MÄDCHEN ...«
Brüder Grimm: Kinder- und Hausmärchen. Ausgabe letzter Hand mit den Originalanmerkungen der Brüder Grimm. Mit einem Anh. sämtlicher, nicht in allen Auflagen veröffentlichter Märchen und Herkunftsnachweisen hrsg. von Heinz Rölleke. 3 Bde. Stuttgart: Reclam, 1980. (Universal-Bibliothek. 3191–3193.) Bd. 1. S. 150f. [Aus: Frau Holle.]

71 CLEMENS BRENTANO: DER HOCHGRÄFLICHE HAUSBÄCKER*.
C. B.: Gockel und Hinkel. Märchen. Nachw. von Helmut Bachmaier. Stuttgart: Reclam, 1986. (Universal-Bibliothek. 450.) S. 58f.

73 WILHELM BUSCH:
MAX UND MORITZ – SECHSTER STREICH [AUSZUG].
W. B.: Ausgewählte Werke. Hrsg. von Gert Ueding. Stuttgart: Reclam, 1988. (Universal-Bibliothek. 7483.) S. 74–78.

78 FRANZ DOLDERER: WO DIE BACKSTUBE NOCH LEBT*.
Fritz Furter-Thalmann / Heinz Knieriemen: Vollkornbrot und Gebäck. Rezepte von zehn Backprofis und einem Eigenbrötler. Aarau: AT Verlag, 1994. S. 46. [Aus: F. D.: Haus des Brotes.] © 1994 AT Verlag Aarau/Schweiz.

79 SAUERTEIGBROT.
Ebd. S. 47.

80 THOMAS MANN: EIN HERRENSPASS*.
Th. M.: Die Erzählungen. Frankfurt a. M.: Fischer, 1986. S. 379. [Aus: Ein Glück.] – © 1966, 1967 Katia Mann.

82 FRANZBROT NACH THOMAS MANN (»BUDDENBROOKS«)*.
Sybil Gräfin Schönfeldt: Bei Thomas Mann zu Tisch. Tafelfreuden im Lübecker Buddenbrookhaus. Fotos von Wolfgang Franz und Jens Rheinländer. Zürich: Arche Verlag, 1995. S. 108f. © 1995 Arche Verlag AG, Zürich–Hamburg.

85 HEINRICH G. REICHERT: VON DER BROTBITTE [AUSZUG].
H. G. R.: Unvergängliche lateinische Spruchweisheit. Urban und human. St. Ottilien: Eos-Verlag, [8]1997. S. 119–121. © 1983 EOS Verlag Erzabtei St. Ottilien.

88 MASSIMO MONTANARI: DIE GEWÖHNUNG AN DAS BROT*.
M. M.: Der Hunger und der Überfluß. Kulturgeschichte der
Ernährung in Europa. München: Beck, 1993. S. 61 f. © 1993 C. H.
Beck'sche Verlagsbuchhandlung (Oscar Beck) München.

90 JOHANN WOLFGANG GOETHE: DAS VESPERBROT*.
J. W. G.: Die Leiden des jungen Werther. Nachw. von Ernst Beutler.
Stuttgart: Reclam, 1986. (Universal-Bibliothek. 67.) S. 22 f.

91 GÜNTER WIEGELMANN: GESCHICHTE DES BUTTERBROTES*.
Brotkultur. Hrsg. von Hermann Eiselen. Mit Beitr. von Hans-Georg
Becker [u. a.]. Köln: DuMont, 1995. S. 234. [Aus: G. W.: täglich Brot.]
© 1995, Hermann Eiselen (Hrsg.), Brotkultur, DUMONT Buchverlag
Köln.

92 WILFRIED SEIBEL / GOTTFRIED SPICHER: FLADEN [AUSZUG].
Brotkultur. S. 50.

93 ALBERT CAMUS: GASTFREUNDSCHAFT*.
A. C.: Gesammelte Erzählungen. Dt. von Guido G. Meister. Reinbek:
Rowohlt, 1966. S. 172 f. [Aus: Der Gast.] © 1966 Rowohlt Verlag
GmbH, Reinbek.

94 INGEBORG BACHMANN: FINGER MIT EINER PRISE ESSEN*.
I. B.: Werke. Hrsg. von Christine Koschel, Inge von Weidenbaum
und Clemens Münster. Bd. 3: Todesarten: Malina und unvollendete
Romane. München: Piper, 1978. S. 479 f. [Aus: Der Fall Franza.]
© 1978 Piper Verlag GmbH, München.

96 JOSEF WINKLER: BAUERNBROT UND BÄCKERBROT*.
J. W.: Muttersprache. Roman. Frankfurt a. M.: Suhrkamp, 1982.
S. 189–191. © 1982 Suhrkamp Verlag Frankfurt am Main.

99 FRANZ KAFKA: AUF DEM TISCH LAG EIN GROSSER LAIB BROT*.
F. K.: Hochzeitsvorbereitungen auf dem Lande und andere Prosa
aus dem Nachlaß. Frankfurt a. M.: Fischer, 1953. S. 381 f.

101 CHARLES PANATI: SANDWICH [AUSZUG].
Ch. P.: Universalgeschichte der ganz gewöhnlichen Dinge. Dt. Fass.
von Udo Rennert und Doris Mendelewitsch. Frankfurt a. M.: Eich-

born, 1994. S. 220f. © 1994 Vito von Eichborn GmbH & Co Verlag KG, Frankfurt am Main.

102 KARL VALENTIN: KLAGELIED EINER WIRTSHAUSSEMMEL.
Alles von Karl Valentin. Monologe und Geschichten, Jugendstreiche, Couplets, Dialoge, Szenen und Stücke, Lichtbildreklamen. Hrsg. von Michael Schulte. München/Zürich: Piper, 1978. S. 75–77. © 1978 Piper Verlag GmbH, München.

105 ERICH RAUCH: DIE KUR-SEMMEL.
Die Darmreinigung nach Dr. F. X. Mayr. Von Medizinalrat Dr. Erich Rauch. Mit 21 Abb. und 2 Tab. 37., verb. Aufl. Heidelberg: Haug, 1987. S. 55f. © 1957 Karl F. Haug Verlag, Ulm/Donau.

108 ALICE VOLLENWEIDER: PANZANELLA UND BRUSCHETTA*.
A. V.: Italiens Provinzen und ihre Küche. Eine Reise und 88 Rezepte. Berlin: Wagenbach, 1990. S. 96, 98. © 1990 Verlag Klaus Wagenbach, Berlin.

110 H. C. ARTMANN: SEMMELKREN*.
H. C. A.: Die Sonne war ein grünes Ei. Von der Erschaffung der Welt und ihren Dingen. Salzburg/Wien: Residenz Verlag, 1982. S. 93–96. © 1982 Residenz Verlag, Salzburg und Wien.

113 SEMMELKREN.
Wiener Küche. Sammlung von Kochrezepten der Bildungsanstalt für Koch- und Haushaltungsschullehrerinnen und der Kochschule der Gastwirte in Wien von Regierungsrat Olga Hess und Hofrat Adolf Fr. Hess. 5. Aufl. Leipzig/Wien: Deuticke, 1925. S. 298.

114 MANNA.
Die Bibel oder die ganze Heilige Schrift des Alten und Neuen Testaments nach der deutschen Übersetzung Martin Luthers. 2. Mose 15,22–16,31.

118 HERMANN HESSE: DIE SÜSSEN BROTE.
H. H.: Gesammelte Werke. Bd. 4: Roßhalde, Fabulierbuch, Knulp. Frankfurt a. M.: Suhrkamp, 1970. S. 180–185. © 1970 Suhrkamp Verlag Frankfurt am Main.

124 VERSPÄTUNG.
Des Knaben Wunderhorn. Bd. 2. S. 17 f.

126 BRÜDER GRIMM: HÄNSEL UND GRETEL [AUSZUG].
Brüder Grimm: Kinder- und Hausmärchen. Bd. 1. S. 103–108.

132 HEINRICH HEINE: EIN NEUES LIED, EIN BESSERES LIED ...
H. H.: Deutschland. Ein Wintermärchen. Nach dem Erstdruck hrsg.
von Werner Bellmann. Stuttgart: Reclam, 1979. (Universal-Bibliothek. 2253.) S. 10.

133 WILLIAM SAROYAN: HÜHNERBROT*.
W. S.: Der Mann mit dem Herzen im Hochland und andere Erzählungen. Zürich: Verlag Die Arche, 1950. S. 59–62. [Aus: Auferstehung eines Lebens.] Copyright der deutschen Übersetzung © 1950 Verlags-AG Die Arche, Zürich.

135 WOLFGANG BORCHERT: DAS BROT.
W. B.: Das Gesamtwerk. Mit einem biograph. Nachw. von Bernhard Meyer-Marwitz. Hamburg: Rowohlt, 1949. S. 304–306. © 1949 Rowohlt Verlag, Hamburg.

138 »ESSEN WAR KOSTBAR ...«
Ruth Klüger: weiter leben. Eine Jugend. Göttingen: Wallstein-Verlag, 1992. S. 90. © 1992 Wallstein Verlag, Göttingen.

140 HEINRICH BÖLL: DER GESCHMACK DES BROTES.
H. B.: Erzählungen. Hrsg. von Viktor Böll und Karl Heiner Busse. Köln: Kiepenheuer & Witsch, 1994. S. 421 f. © 1994 Verlag Kiepenheuer & Witsch, Köln.

142 JOHANN WOLFGANG GOETHE:
WER NIE SEIN BROT MIT TRÄNEN ASS ...
J. W. G.: Wilhelm Meisters Lehrjahre. Hrsg. von Ehrhard Bahr. Stuttgart: Reclam, 1982. (Universal-Bibliothek. 7826.) S. 139.

144 »ICH VERSTECKTE ALSO ...«
Stefan Zweig: Schachnovelle. Frankfurt a. M.: Fischer, 1995. S. 72 f.
© 1943 Bermann-Fischer Verlag AB, Stockholm.

144 KURT TUCHOLSKY: DER BRÖTCHENTANZ.
K. T.: Gesammelte Werke in 10 Bänden. Hrsg. von Mary Gerold-Tucholsky und Fritz J. Raddatz. Bd. 4. Reinbek: Rowohlt, 1975. S. 282f. © 1960 Rowohlt Verlag GmbH, Reinbek.

146 BROT UND ROSEN.
Brot & Rosen. Geschichte und Perspektive der demokratischen Frauenbewegung. Hrsg. von Florence Hervé. Frankfurt a. M.: Verlag Marxistische Blätter, 1979. S. 1. [Aus dem Amerikan. übertr. von Peter Maiwald.] © 1979 Verlag Marxistische Blätter GmbH, Frankfurt am Main. – Das Lied »Brot und Rosen« entstand während eines Streiks von Textilarbeiterinnen und Arbeitern 1912 im amerikanischen Bundesstaat Massachusetts. Dort trugen Frauen ein Transparent mit dem Slogan »We want bread and roses too!« In der neuen Frauenbewegung wurde das Lied in den siebziger Jahren zum zweiten Mal beliebt.

BILDNACHWEISE

8/9 »Brot« in 65 Sprachen. Sammlung Deutsches Brotmuseum Ulm.

32/35 Illustrationen zu Defoes »Robinson Crusoe« von François-Aimé-Louis Dumoulin, aus: Collection de cent-cinquante gravures représentant et formant et une suite non interrompue des Voyages et aventures surprenantes de Robinson Crusoé, dessinées et gravées par F. A. L. Dumoulin. Vevey: Loertscher, 1818.

41/43 Verschiedene Roggen- und Weizensorten. Aus: Der Getreidebau. Eine Anleitung zur Kultur des Getreides nebst Abbildungen und Beschreibungen der wichtigsten Getreidearten. Bearb. von E. V. Strebel. Mit 61 Abb. der wichtigsten Getreidearten und 32 Holzschnitten. Stuttgart: Ulmer, 1888. Taf. 1, 4.

48 Arbeiten im Jahresverlauf: August. Fresko aus dem Castello del Buon Consiglio, Trient, Anfang 15. Jahrhundert (Ausschnitt).

53 Vincent van Gogh: Kornschober, 1885 (Rijksmuseum Kröller-Müller, Otterloo).

60 Hauszeichen eines Bäckers. Sammlung Deutsches Brotmuseum Ulm.

64 Aus: Das große Liederbuch. 204 deutsche Volks- und Kinderlieder, gesammelt von Anne Diekmann, unter Mitwirkung von Willi Gohl, mit 156 bunten Bildern von Tomi Ungerer. Zürich: Diogenes-Verlag, 1975. S. 37. © 1975 Diogenes Verlag AG Zürich.

67 Jan Joris van Vliet: Bäcker, um 1630. Aus: Rudolf Wissell: Des alten Handwerks Recht und Gewohnheit. Hrsg. von der Arbeitsgemeinschaft für Deutsche Handwerkskultur durch Dr. Konrad Hahm. Bd. 2. Berlin: Wasmuth, 1929. Taf. 1.

90 Daniel Nikolaus Chodowiecki: Lotte, den Geschwistern Brot schneidend. Kupferstich zum ersten Teil von Goethes Werther in der französischen Übersetzung Maestricht 1776.

97 Jan Vermeer: Die Küchenmagd, um 1660 (Amsterdam, Rijksmuseum).

100 Georg Flegel: Stilleben mit Hirschkäfer, 1635 (Köln, Wallraf-Richartz-Museum).